Keith Robertson   Die Geldmaschine

Keith Robertson

Die
Geldmaschine

Union Verlag Stuttgart

Die amerikanische Originalausgabe
ist unter dem Titel
The Money Machine
erschienen bei
The Viking Press, Inc., New York
Ins Deutsche übertragen von Peter Mortzfeld

ISBN 3-8002-5076-4

Einbandentwurf von Karlheinz Groß
Gesamtherstellung: W. Röck, Weinsberg, 1971

Mr. LeBon taucht auf

Neil Lambert trat aus der Haustür des großen, weiträumig altmodischen Hauses Carson Street Nr. 202 auf die Veranda hinaus, als der Postbote kam und ihm fünf Briefe und ein kleines Paket aushändigte. Neil legte die Briefe auf ein Tischchen im Flur neben der Tür und lief mit dem Paket in der Hand durch den Garten zum Wagenschuppen. Das war ein hübschgestrichener, zweistöckiger Bau, dessen Erdgeschoß als Garage benutzt wurde. Auf einer Seite führte eine schmale Tür zu einer steilen Treppe; neben der Tür war ein weißes Schild mit der Aufschrift:

CARSON STREET DETEKTIV AGENTUR. I. ETAGE

Neil sprang, immer drei Stufen auf einmal nehmend, die Treppe hinauf und ging zu einem reichlich abgenutzten Schreibtisch am anderen Ende des großen Bodenraumes. Er setzte sich in einen alten Drehsessel, kramte in den Schubladen nach einer Schere und begann das Paket zu öffnen.

Neil war ein schlanker, dunkelhaariger Junge mit lustig verschmitzten Augen und einem riesigen Mund, dem man ansah, daß er sich gern zu einem Grinsen verzog. Im Augenblick interessierte ihn allerdings nur der Inhalt des Pakets. Er streifte die Verpackung ab und öffnete vorsichtig den Karton. In ihm befand sich ein kleiner, seltsam aussehender Apparat, der aus mehreren, anscheinend mit einer Art Filzstoff umwickelten Walzen bestand. Behutsam hob Neil ihn heraus und stellte ihn auf die Tischplatte. Dann faltete er den Zettel mit der Gebrauchsanleitung auseinander.

DIE PHANTASTISCHE GELDMASCHINE — GE-
BRAUCHSANLEITUNG stand da in fettgedruckten
Großbuchstaben, und darunter, in etwas kleinerer Schrift:
*Führen Sie Ihre Freunde an! Ihre Party wird ein Bomben-
erfolg! Alle werden staunen!*

Neil überflog die ersten beiden Abschnitte, die ihn mit
überschwenglichen Worten zum Kauf dieser wunderbaren
Maschine beglückwünschten, und las den folgenden Text
aufmerksam durch. Als er damit fertig war, sprang er auf
und stürzte zur Treppe. Dann schüttelte er den Kopf,
kehrte zum Schreibtisch zurück und verbarg die Maschine
sorgfältig in einer der großen Schubladen. Danach ging er
wieder zum Haus hinüber. Auf der Gartenveranda traf er
seine Mutter, die gerade dabei war, die Blumen zu gießen.
Mrs. Lambert war schlank und dunkelhaarig wie ihr Sohn
und sehr temperamentvoll.

»Ich dachte, du wolltest zu Schwede 'rübergehen?« sagte
sie, als Neil eintrat.

»Wollte ich auch, aber dann kam was dazwischen«, gab
Neil zur Antwort. »Kann ich die fünf Dollar haben, die ich
mir mit der Gartenarbeit verdient habe?«

»Natürlich«, erwiderte Mrs. Lambert. »Ich dachte nur,
ich sollte sie für dich aufheben, bis du genug Geld für ein
Tonbandgerät zusammen hast.«

»Ich brauche sie für ein Experiment.«

»Na gut, ist ja dein Geld«, meinte Mrs. Lambert. »Geh
'rein und hol mir mein Portemonnaie vom Flurtisch.«

Im Nu war Neil mit dem Portemonnaie zurück. Mrs.
Lambert nahm einen Fünfdollarschein heraus und gab ihn
ihrem Sohn.

»Danke, Mom«, sagte Neil. »Ich will ihn nicht ausgeben,
ich brauch' ihn nur 'ne Weile.«

»Das ist ja interessant«, wunderte sich Mrs. Lambert.
»Wozu brauchst du Geld, wenn du es nicht ausgeben
willst?«

»Ich möchte bloß mal sehen, wie jemand große Augen macht«, grinste Neil.

Er ging in die Diele zurück zum Telefon und wählte Schwede Larsens Nummer. Mrs. Larsen meldete sich. Sie konnte nicht sagen, wo sich ihr Sohn im Augenblick aufhielt. Neil bat, Schwede auszurichten, er möchte doch herüberkommen, sobald er Zeit hätte. Dann rannte er in sein Büro über der Garage zurück, nahm die phantastische Geldmaschine aus der Schublade und stellte sie auf den Schreibtisch. Er holte eine alte Schere hervor und schnitt, mit der Fünfdollarnote als Vorlage, ein Stück Papier aus, das die gleiche Größe hatte wie der Geldschein.

Sich genau an die Anleitung haltend, schob er die Fünfdollarnote zwischen die beiden Walzen und drehte die Kurbel an der Seite der Maschine. Nach ein paar Drehungen hatte sich die Dollarnote um eine der Walzen gewickelt und war nicht mehr zu sehen. Als nächstes schob Neil das leere Stück Papier von der anderen Seite zwischen die Walzen und drehte die Kurbel im entgegengesetzten Sinn zurück. Das Papier wurde unsichtbar, und kaum war das letzte Stückchen verschwunden, kam auf der anderen Seite die Fünfdollarnote zum Vorschein. Die Illusion war vollkommen. Es sah tatsächlich so aus, als sei das leere Stück Papier von den beiden Walzen bedruckt worden und als schöner, grüner, funkelnagelneuer Fünfdollarschein herausgekommen.

»Klasse!« staunte Neil. »Einfach Klasse!«

Er probierte den Trick mehrmals hintereinander, bis er genau heraushatte, wie der Apparat funktionierte. Dann kurbelte er die Fünfdollarnote sorgfältig hinein und ließ sie diesmal drin. Nachdem er noch das leere Papier zusammengeknüllt und in den Papierkorb geworfen und die Schere weggeräumt hatte, machte er es sich in dem Drehsessel bequem und wartete voller Ungeduld auf seinen Freund Schwede Larsen. Fünf Minuten später hörte er das

Knirschen von Fahrradreifen auf dem Kiesweg und gleich danach Schritte auf der Treppe. Ein kräftig gebauter Junge mit blonden Haaren und blauen Augen riß die Tür auf und steuerte auf Neil zu.

»Was gibt's?« fragte er. »Ich dachte, du wolltest zu uns 'rüberkommen.«

»Ich habe gerade eine phantastische Erfindung gemacht«, verkündete Neil in feierlichem Ton. »Sie ist allerdings noch nicht patentiert, deshalb lege ich nicht unbedingt Wert darauf, mit ihr über die Straße zu gehen, so daß jeder sie sehen kann.«

»Also«, sagte Schwede und setzte sich auf eine Ecke des Schreibtisches, »was ist das für ein Trick?«

»Kein Trick«, erwiderte Neil leicht gekränkt. »Das menschliche Genie hat einen neuen Triumph errungen. Ich habe eine Geldmaschine erfunden.«

»Prima!« sagte Schwede. »Und genau im richtigen Augenblick. Ich bin so abgebrannt, daß ich schon einen Job bei Mrs. Kimball annehmen und ihren Keller aufräumen wollte. Du kannst mir glauben, wenn jemand bereit ist, für Mrs. Kimball zu arbeiten, muß es ihm ziemlich schlecht gehen.«

»In Zukunft wird Arbeiten überflüssig sein«, erklärte Neil mit einer großartigen Handbewegung. Er langte in den Schreibtisch und holte ein leeres Blatt Papier und die Schere heraus.

»Da, schneid ein Stück Papier so groß wie eine Fünfdollarnote aus.«

Schwede nahm das Blatt Papier und die Schere und warf einen ungläubigen Blick darauf. »Es ist schon so lange her, daß ich mal fünf Dollar besessen habe; ich weiß überhaupt nicht mehr, wie eine Fünfdollarnote aussieht«, sagte er. »Aber ich will's versuchen.«

Er schnitt ein längliches Viereck aus und reichte es Neil.

»Sieht ein bißchen groß aus«, begutachtete Neil das Ergebnis, »und das eine Ende ist auch nicht ganz gerade. Die Leute sind schrecklich penibel, wenn's ums Geld geht!«

Er zog die untere Schreibtischschublade auf und nahm die Geldmaschine heraus. Vorsichtig legte er das weiße Papierrechteck hinein und drehte an der Kurbel. Prompt kam am anderen Ende die Fünfdollarnote heraus.

»Saubere Arbeit«, murmelte Schwede anerkennend und hob die Fünfdollarnote auf. »Ein prima Trick! Wo hast du das her?«

»Meine Erfindung«, beharrte Neil. »Es ist kein Trick dabei.«

»Mir kannst du nichts vormachen«, sagte Schwede und streckte die Hand nach der Maschine aus. Aber Neil war schneller und brachte sie vor ihm in Sicherheit.

»Wie gesagt, sie ist noch nicht patentiert«, erklärte er. »Ich würde dich — gegen einen angemessenen Betrag natürlich — zur Hälfte beteiligen.«

»Wieviel?«

»Na, sagen wir einen Dollar fünfzig.«

»Abgemacht«, sagte Schwede und hielt ihm den Fünfdollarschein hin. »Kannst du mir drei Dollar fünfzig 'rausgeben?«

»Herausgeben? Du spinnst wohl? Die fünf Dollar gehören mir.«

»Wieso?« fragte Schwede. »Ich hab' das Papier ausgeschnitten, oder etwa nicht? Und das Papier ist Eigentum der Carson Street Detektiv Agentur, das heißt, es gehört mir so gut wie dir. Außerdem kannst du dir ja mit dieser Wundermaschine im Nu neues Geld drucken.«

»Schön«, lenkte Neil ein, »gib mir die fünf Dollar zurück, und ich zeig' dir, wie der Apparat funktioniert.« Er führte den Mechanismus zweimal vor, dann versuchte Schwede es.

»Nicht übel«, gab er schließlich zu, »wirklich nicht übel! Wo hast du ihn her?«

»Ich hab' ihn bei der Firma in Wisconsin bestellt, du weißt schon, die mit dem Katalog mit den Tricks und Zauberkunststücken. Kostenpunkt drei Dollar.«

»Okay«, sagte Schwede, »für einen Dollar fünfzig beteilige ich mich zur Hälfte. Du mußt dich nur noch ein Weilchen mit der Bezahlung gedulden.«

»Ein Dollar fünfundsiebzig«, verbesserte Neil. »Fünfzig Cents Porto.«

»Schön, ich kann dir genausogut einen Dollar fünfundsiebzig wie einen Dollar fünfzig schulden.« Schwede maß die Maschine mit einem nachdenklichen Blick und überlegte.

»Jetzt müssen wir nur jemand finden, den wir damit 'reinlegen können. Was meinst du, vielleicht Eileen?«

Neil schüttelte den Kopf. Eileen war seine jüngere Schwester. »Nein«, meinte er, »Eileen ist nicht mehr so dumm wie früher. Sie würde uns niemals glauben, daß wir Fünfdollarnoten drucken können, und uns so lange in den Ohren liegen, bis sie heraushat, wie es funktioniert, und es dann überall ausposaunen. Nein, nein, wir müssen schon einen wirklich Dummen finden.«

Sie schwiegen ein paar Minuten. Dann schnippte Schwede plötzlich mit den Fingern. »Ich hab's. Wenn mich nicht alles täuscht, müßte heute Sturchen O'Brien in Eckleberrys Drugstore an der Eismaschine stehen.«

»Prima, der ist genau der Richtige!« stimmte Neil begeistert zu. »Los, wir stecken die Fünfdollarnote wieder in den Apparat und machen alles startklar. Was meinst du, sollen wir das Papier gleich fertig geschnitten mitnehmen, oder sollen wir es erst dort in der Eisdiele zurechtschneiden?«

»Meiner Meinung nach sollten wir mindestens ein halbes Dutzend fertige Papierstücke mitnehmen«, war Schwedes Rat. »Dann sieht das so aus, als ob wir überall herumzögen und Fünfdollarnoten druckten.«

Zehn Minuten später saßen sie in Eckleberrys Drugstore an der Eisbar. Der Zeitpunkt war gut gewählt; es war noch früh am Nachmittag und wenig Betrieb. So gehörte ihnen die ungeteilte Aufmerksamkeit des jungen Mannes hinter der Theke. Sturchen O'Brien hieß mit Vornamen eigentlich Michael. Er war ein sympathisch aussehender junger Mann, drei oder vier Jahre älter als Neil und Schwede. Seine großen blauen Augen blickten kindlich-gläubig in die Welt, die ihm jeden Tag, so wie sie war, neu und wunderbar erschien. Er war zu jedermann freundlich und zuvorkommend, und obwohl er sicher schon Tausende von Limonadendrinks, Bananensplits und Eisbechern mit Früchten gemixt hatte, nahm er jede neue Bestellung mit einer Begeisterung an, als ob es für ihn kein größeres Vergnügen geben könne. Auch war er beim Abfüllen der Eiscremeportionen recht großzügig, was ihm besonders bei der jüngeren Kundschaft viel Beliebtheit eintrug. Wenn es dagegen ans Addieren der Rechnungen und Herausgeben des Wechselgeldes ging, erwiesen sich seine Fähigkeiten als weniger hervorragend.

Sturchen erkundigte sich bei den beiden Jungen nach ihren Wünschen, und kaum eine Minute später standen zwei prachtvolle, reichlich gefüllte Fruchteisbecher vor ihnen. Während sie genießerisch löffelten, unterhielten sie sich mit Sturchen über Baseball.

»Sag mal, Schwede, hast du eigentlich Geld mit?« fragte Neil plötzlich, bevor er sich den letzten Löffel voll Eis einverleibte.

»Wieso, ich denke, du hast das Geld?« erwiderte Schwede in größter Harmlosigkeit.

»Ich will doch hoffen, daß einer von euch beiden Geld bei sich hat«, mischte sich Sturchen O'Brien ein, und in seiner Stimme klang ein drohender Unterton mit. »Bei mir wird bar bezahlt!«

»Schreib doch einen Scheck aus!« schlug Neil vor.

Schwede aß seinen Eisbecher leer und schien den Vorschlag zu überlegen. »Nein«, entschied er sich schließlich, »ich möchte lieber keinen Scheck ausschreiben. Wir können uns doch etwas Geld *drucken*.«

»Gute Idee«, meinte Neil. »Hast du die Maschine mit?«

»Sie ist in dem Karton zu meinen Füßen«, antwortete Schwede. Er bückte sich, nahm den Karton vom Boden auf, öffnete ihn und stellte die Geldmaschine vor sich auf die Theke.

»Haben Sie ein Stück Papier da?« wandte Neil sich an Sturchen.

»Was für'n Papier denn?« Sturchen kam die Sache immer mysteriöser vor.

»Oh, irgendeine gute Sorte«, antwortete Neil lässig. »Man braucht gutes Papier, wenn man Geld drucken will. Vielleicht haben Sie auch eine Schere, damit ich es auf die richtige Größe zurechtschneiden kann?«

»Was habt ihr beiden eigentlich vor?« fragte Sturchen.

»Offenbar legt er keinen Wert darauf, daß wir unser Eis bezahlen«, wandte Neil sich an seinen Freund.

»Laß ihn, wenn er nicht mitmachen will. Wir können auch ohne seine Hilfe fertig werden!« entgegnete Schwede. »Ich glaube, ich hab' etwas Papier in meiner Tasche.« Er zog eins von den fertig zugeschnittenen Stücken heraus, die sie aus ihrem Büro mitgebracht hatten. »Wenn mich nicht alles täuscht, hat es genau die richtige Größe.«

Sturchen kam neugierig näher und maß den Karton mit einem mißtrauischen Blick. Als Neil Anstalten machte, die Maschine herauszunehmen, machte Schwede eine abwehrende Handbewegung.

»Ich weiß nicht recht, vielleicht sollten wir es lieber nicht gerade vor seiner Nase machen«, gab er zu bedenken. »Schließlich ist die Sache noch nicht patentiert.«

»Ach was, Sturchen wird bestimmt nicht versuchen, uns unsere Erfindung zu klauen. Außerdem wird das niemand

14

kapieren, der nur ein- oder zweimal zugesehen hat. Und unser Eis müssen wir ja nun mal bezahlen.«

»Okay«, gab Schwede nach.

Sturchen lehnte sich über die Theke und schaute gespannt zu, wie Schwede das Papierblatt zwischen die Walzen schob und Neil die Kurbel drehte. Seine Augen weiteten sich vor Erstaunen, als auf der anderen Seite langsam eine nagelneue Fünfdollarnote herauskam. Er starrte zuerst auf die Maschine, dann auf Neil und Schwede und schließlich wieder auf die Maschine.

»Bitte sehr«, sagte Schwede und hielt ihm triumphierend den Geldschein hin.

»Und ihr glaubt im Ernst, daß ich den annehme?« fragte Sturchen ungläubig. »Ihr seid wohl verrückt!«

»Wieso, stimmt was nicht?« Neil war die Unschuld selbst.

Sturchen nahm die Fünfdollarnote und drehte sie vorsichtig prüfend zwischen seinen Fingern hin und her. Bei etwas genauerem Hinsehen hätte er bemerken müssen, daß sie, so frisch und vergleichsweise neu sie aussah, doch schon einige Gebrauchsspuren zeigte. Offensichtlich war sie bereits in irgendeiner Brieftasche gewesen. Kein Zweifel, sie war nicht so sauber und glatt wie das Papier, das Schwede in die Maschine getan hatte.

»Nun?« fragte Schwede, indem er den Apparat wieder in den Karton verpackte und den Deckel schloß. »Wollen Sie da so stehenbleiben oder uns das Wechselgeld herausgeben?«

»Nee, da laß ich lieber die Finger davon«, erwiderte Sturchen unsicher.

»Na schön«, lenkte Neil ein, langte über die Theke und nahm den Schein wieder an sich, »dann gedulden Sie sich einen Augenblick, bis ich ihn nebenan eingewechselt habe, ja?«

Sturchen nickte stumm.

Zwei Häuser weiter die Straße hinunter war ein Postkarten- und Schallplattengeschäft, dessen Besitzer Neil kannte. Von ihm ließ er sich den Geldschein in fünf Eindollarnoten wechseln und lief damit zum Drugstore zurück. Er hielt die Scheine hoch, so daß Sturchen sie deutlich sehen konnte, blätterte einen heraus und knallte ihn auf die Eisbar.

»Gibt eben Leute, die glauben nicht mal, was sie mit eigenen Augen sehen!« ließ er sich von oben herab vernehmen. »Mr. Osborne gab mir anstandslos fünf Einer für meinen Fünfer. Darf ich jetzt vielleicht um das Wechselgeld bitten?«

Sturchen nahm die Eindollarnote und ging kopfschüttelnd und seiner Sache nicht ganz sicher zur Kasse, um den Betrag für die beiden Eisportionen abzuziehen. Er kam mit dreißig Cents zurück und legte sie auf die Theke. Neil nahm die Münzen und steckte sie in die Tasche.

»Und wenn Sie nach all dem Ärger, den wir Ihretwegen hatten, glauben, Sie bekämen von uns noch ein Trinkgeld, haben Sie sich geschnitten!«

»Ihr Bengels gebt mir ja sowieso nie einen Cent Trinkgeld«, brummte Sturchen.

Schwede nahm den Karton mit der Geldmaschine unter den Arm und ging zusammen mit Neil zur Tür.

»Und passen Sie auf, daß Ihnen nicht mal jemand Holzgeld andreht!« rief Schwede zurück, bevor sie auf die Straße traten.

Verdutzt starrte Sturchen ihnen nach, bis sie in der Menge untergetaucht waren. Sobald sie den Drugstore ein gehöriges Stück hinter sich hatten, brachen beide in unbändiges Gelächter aus.

»Na, den haben wir nach Strich und Faden angeschmiert!« prustete Neil, als er endlich wieder zu Atem kam.

»Junge, da haben wir wirklich 'ne Schau abgezogen!«

16

stimmte ihm Schwede zu. »Meiner Meinung nach sollten wir damit öffentlich auftreten. Wir könnten Geld drucken und es unter die Leute werfen!«

»Ohne mich«, protestierte Neil. »Jeder Geldschein, der aus dieser Maschine kommt, stammt aus unserer eigenen Tasche, und ich denke nicht daran, ihn jemand an den Hals zu werfen.«

Die letzten Schultage vor den Sommerferien waren gekommen. Am Mittwoch nach ihrem Auftritt mit der Geldmaschine schloß der Unterricht schon früh. Neil und Schwede spielten eine Partie Tennis und bummelten dann zum Lambertschen Haus zurück. Sie kletterten gerade die steile Treppe zum Büro der Carson Street Detektiv Agentur hinauf, als Mrs. Lambert von der Gartenveranda her Neil zurief: »Vorhin war ein Herr hier, der euch sprechen wollte. Ich sagte ihm, daß ihr in der Schule seid, und er meinte, er würde gegen vier Uhr wiederkommen.«

»Wie hieß er denn?« rief Neil zurück.

»LeBon«, antwortete Mrs. Lambert.

»Ich kenn' keinen, der so heißt. Was wollte er denn?«

»Wenn ihr etwas näher kommt, muß ich nicht so schreien«, schlug Mrs. Lambert vor. Neil und Schwede bequemten sich etwas näher an die Gartenveranda heran.

»Es war ein Mann Ende vierzig oder Anfang fünfzig«, erklärte Mrs. Lambert, »klein und ziemlich untersetzt, mit kurzgeschnittenem, grauem Haar. Er war äußerst höflich und liebenswürdig. Zuerst fragte er, ob du hier wohnst; ich sagte ja, und ich sei deine Mutter. Dann erkundigte er sich, wie alt du seist. Er war einigermaßen erstaunt, als ich ihm sagte, daß du noch zur Schule gehst.«

Neil schüttelte den Kopf. »Keine Ahnung, wer das ist.«

»Also, irgendwie sah er nach was Offiziellem aus«, fuhr Mrs. Lambert fort. »Er hat zwar nichts gesagt, aber ich könnte mir vorstellen, daß er Beamter ist.«

»Wahrscheinlich einer von der Geheimpolizei«, sagte Neil leichthin.

»Sicher haben die von unserer Detektiv-Agentur gehört und brauchen unsere Hilfe.«

»Ja, natürlich, das wird's sein«, bemerkte Mrs. Lambert trocken.

»Also, sag ihm, er soll ins Büro 'raufkommen, wenn er auftaucht«, trug er seiner Mutter auf.

Damit stiegen sie die Treppe zum Büro hinauf. Die Wand hinter dem ausgedienten Schreibtisch war mit einer Reihe von Regalen oder besser Fächern aus übereinandergestapelten Apfelsinenkisten ausgefüllt. Die einzelnen Fächer enthielten eine vielseitige Kollektion von allem möglichen Trödelkram. An einem der Regale klebte die Aufschrift ACHTUNG! GEHEIM!, an einem anderen CODE-ABTEILUNG — STRENG VERTRAULICH.

»Weißt du«, sagte Neil nachdenklich und ließ seinen Blick durch den Raum schweifen, »unser Büro macht einen ziemlich schäbigen Eindruck.«

»Find' ich auch«, gab Schwede zu. »Was wir brauchen, ist ein richtiger Plüschteppich auf dem Fußboden, zwei neue Direktorenschreibtische und ein paar bequeme Drehsessel.«

»Und eine Stereo-Anlage«, fügte Neil hinzu.

»Stimmt«, sagte Schwede, »nichts ist so gut wie Musik, wenn man entspannen will. Und genau das werd' ich jetzt tun, mit oder ohne Musik.« Er pflanzte sich auf einen alten Stuhl und legte die Füße auf den Tisch.

Neil öffnete das Fenster, um etwas für die Lüftung zu tun, rückte einen zweiten Stuhl an den Schreibtisch und machte es sich auch bequem.

»Ein Glück, daß es nächste Woche Ferien gibt«, gähnte Schwede.

»Ja, Gott sei Dank«, stimmte Neil ihm zu. »Trotzdem wird mir die Schule in diesem Sommer irgendwie fehlen, das darf ich natürlich in der Klasse keinem sagen. Ich habe einfach nicht die geringsten Ferienpläne.«

»Ich auch nicht«, erwiderte Schwede. »Wahrscheinlich werd' ich im Haus 'n bißchen was tun und 'ne Zeitlang für meinen Vater arbeiten. Was wir brauchen, ist so ein richtig mysteriöser Fall.«

»Stimmt genau. Seit Monaten hat's kein anständiges Verbrechen mehr gegeben.«

»Die Verbrecher lassen sich eben nichts mehr einfallen«, meinte Schwede düster. »Keine Phantasie mehr, das einzige, worauf sie kommen, ist so was Primitives wie 'nen Lebensmittelladen auszuräumen. Und selbst dabei hinterlassen sie an jeder Ecke so viel Spuren, daß selbst der dümmste Polizist der Welt die Sache 'raus hat, ehe er noch richtig angefangen hat, sie zu untersuchen.«

»Ich fürchte, wir sind ein paar hundert Jahre zu spät auf die Welt gekommen«, sagte Neil niedergeschlagen. »Früher war ein Verbrechen noch eine spannende Sache!«

»Wie meinst du das?« fragte Schwede.

»Na, überleg doch mal, zum Beispiel die Straßenräuber! Die galoppierten früher auf ihren Pferden herum, überfielen die Postkutschen mit den vornehmen, reichen Herren drin und schnappten ihnen die schönen Frauen vor der Nase weg. Na, und was macht so'n Straßenräuber heutzutage? Klaut 'nen Lastwagen mit 'ner Ladung Unterwäsche oder anderem miesem Zeug!«

»Du hast recht«, gab Schwede zu, »Niedergang auf der ganzen Linie! Nimm nur mal die Seeräuberei. Wenn man an all die großmäuligen Piraten denkt, die sich damals im Karibischen Meer herumtrieben! Was waren das noch für Zeiten, die Schiffe bis an den Rand voller Gold! Und was ist, wenn man heute ein Schiff kapern würde? Wahrscheinlich steckt es voller Maschinen, und man wüßte gar nicht, wie man mit denen zurechtkommt.«

»Die Gefahr ist, daß die Verbrechen allmählich so uninteressant werden, daß sie womöglich ganz vom Erdboden verschwinden«, sagte Neil verzagt.

»Das möchte ich bezweifeln«, ließ sich eine Stimme von der Tür vernehmen.

Überrascht blickten die beiden sich um. Auf dem obersten Treppenabsatz stand ein kurzer, gedrungener Mann mit grauen Haaren.

»Seid ihr Neil Lambert und Schwede Larsen?«

»Überführt!« antwortete Neil.

»Das will ich nicht hoffen«, sagte der Mann und trat ein.

Neil erhob sich und bot dem Besucher seinen Stuhl an. Er selbst setzte sich auf eine Kiste.

»Mein Name ist LeBon«, stellte sich der Mann vor.

»Und wir heißen Schwede und Neil«, sagte Neil und zeigte mit dem Daumen auf seinen Partner. »Was können wir für Sie tun, Mr. LeBon?«

»Nun ja, meine Abteilung hat einen Hinweis erhalten, daß ihr zwei in einige recht zweifelhafte Unternehmungen verwickelt seid.«

»Zweifelhafte Unternehmungen?« fragte Neil und setzte sich kerzengerade.

»Nun, vielleicht sollte ich lieber sagen, illegale«, erwiderte Mr. LeBon lächelnd.

»Ich wüßte nicht, daß wir irgend etwas Illegales getan hätten«, sagte Neil. »Wir haben nicht mal unsere Fahrräder falsch geparkt.«

»Ich arbeite für den Secret Service«, fuhr Mr. LeBon freundlich fort. »Um gleich zum Kern der Sache zu kommen: Wir haben eine Meldung bekommen, daß ihr zwei Falschgeld hergestellt habt.«

Neil und Schwede sahen sich verblüfft an. Dann hatten beide gleichzeitig denselben Gedanken. Ungläubig starrten sie einander an.

»Sturchen!« murmelte Schwede schließlich. »Dieses Rindvieh!«

»Mr. LeBon, war es Sturchen, der Ihnen gesagt hat, daß wir Falschgeld herstellen?«

Mr. LeBon zog eine Augenbraue hoch. »Ich fürchte, ihr habt mich nicht richtig verstanden. Wer ist denn das, Sturchen?«

»Sturchen ist der Spitzname von dem Idioten, der in Eckleberrys Drugstore arbeitet«, klärte Neil ihn auf. »Er ist stur wie 'n Panzer, darum nennen ihn alle Sturchen. Hat er Ihnen erzählt, wir machen Falschgeld?«

Mr. LeBon nickte mit einem leichten Grinsen. »Ja, er gab an, ihr zwei besäßt eine Maschine und hättet direkt vor seinen Augen Geldscheine damit gedruckt. Ich hatte meine Zweifel, und als ich dann hierher kam und feststellte, daß ihr beide noch zur Schule geht, wuchs meine Skepsis noch mehr. Während ich auf eure Rückkehr wartete, bin ich in der Stadt gewesen und habe mich ungefähr eine Stunde lang mit Polizeichef Bricker von der hiesigen Ortspolizei unterhalten. Er sagte mir, daß ihr beiden durchaus vernünftige, gesetzestreue Bürger seid und sogar zur Aufklärung einiger Kriminalfälle beigetragen habt.«

»Wir haben tatsächlich kein Falschgeld gedruckt«, sagte Neil. »Warten Sie einen Augenblick, ich werde es Ihnen zeigen.« Er zog die Schreibtischschublade auf und holte die Geldmaschine hervor, stellte sie auf den Tisch und nahm ein Blatt Papier aus der Lade.

»Der Haken bei dieser Maschine ist«, gestand er, »daß sie nur funktioniert, wenn man zuvor etwas Papiergeld hat — und ich hab' im Moment keins. Hast du vielleicht einen Dollarschein, Schwede?«

»Du bist wohl nicht ganz bei Trost, wie?« war Schwedes Antwort.

Mr. LeBon langte in sein Jackett und brachte eine Brieftasche zum Vorschein, der er eine Eindollarnote entnahm. »Tut die es?«

»Es geht zwar besser, wenn es ein ganz neuer Geldschein

ist«, erwiderte Neil, »aber dann müssen wir's eben mit dem hier machen.«

Er schob die Dollarnote in die Maschine und wandte sich, als sie ganz verschwunden war, an Mr. LeBon. »Verstehen Sie, wir machen dies alles natürlich vorher. Als wir in Eckleberrys Drugstore gingen, befand sich bereits eine Fünfdollarnote in dem Apparat. Wir redeten zuerst eine Menge über Gelddrucken und steckten zum Schluß ein einfaches Blatt Papier in die Maschine, genau wie dieses hier.« Neil drehte an der Kurbel, und auf der anderen Seite kam prompt Mr. LeBons Eindollarnote heraus.

Mr. LeBon konnte sich ein leises Glucksen nicht verkneifen. »Das sieht ja wirklich täuschend echt aus«, meinte er. »Laßt mich mal sehen.«

Neil schob ihm die Maschine über den Tisch hinweg zu, und Mr. LeBon untersuchte sie interessiert. Er probierte den Trick selbst aus und drehte ein paarmal an der Kurbel.

»Ich glaube, ich muß mir eins von diesen Dingern besorgen und nach Washington mitnehmen«, sagte er. »Wir haben da ein paar Leute, die leichtgläubig genug wären, daß sie ohne weiteres darauf hereinfallen würden, genau wie euer Knabe Sturchen.«

»Aber Sie sind doch nicht von Washington hergekommen, nur um uns auf die Spur zu kommen?« fragte Neil.

»Nein, nicht nur darum«, gab Mr. LeBon zu. »Hätte es sich nur um diesen einen Fall gehandelt, so hätte ich sicherlich durch einen kurzen Telefonanruf feststellen können, daß ein harmloser Irrtum vorliegt. Aber, seht ihr, wir haben leider in der letzten Zeit eine Menge Ärger gehabt mit Falschgeld, das in dieser Gegend in Umlauf gebracht worden ist.«

»So?« fragte Schwede und setzte sich interessiert aufrecht.

»Sie meinen, hier bei uns in der Stadt?« erkundigte sich Neil.

»Leider ja, hier in der Stadt«, bestätigte Mr. LeBon. »Wir hatten die Geschäftsleute hier in der Gegend gewarnt, sie sollten sich vor nachgemachten Zwanzigdollarnoten in acht nehmen. Wahrscheinlich hatte auch euer Freund Sturchen davon gehört und hat uns wohl deshalb so rasch von eurem Treiben Mitteilung gemacht.«

»Jedenfalls ist das genau die Art Fälle, auf die sich die Carson Street Detektiv Agentur spezialisiert hat«, grinste Neil. »Vielleicht können wir Ihnen helfen.«

»Ja, vielleicht könnt ihr das wirklich«, stimmte Mr. LeBon ihm zu. »Und ich kann Hilfe gebrauchen. Es scheint sich nämlich um einen ziemlich weitverzweigten Fälscherring zu handeln. Unsere Informationen sind zwar nur äußerst lückenhaft, aber wir haben Grund zu der Annahme, daß sich die Zentrale irgendwo in der näheren Umgebung befindet.«

»Es muß eine aufregende Sache sein, für den Secret Service zu arbeiten«, sagte Neil mit einem sehnsüchtigen Seufzer.

»Nun, mir hat's jedenfalls immer Spaß gemacht, sonst hätte ich's dort nicht dreißig Jahre ausgehalten«, erwiderte Mr. LeBon schmunzelnd. »Obwohl Verbrecherjagd mehr aus ermüdender Kleinarbeit als aus aufregenden Sensationen besteht. Und wenn man endlich einer Falschgeldaffäre auf die Spur kommt und so einen Ring auseinandersprengt, kann man sich fast darauf verlassen, daß gleich ein neuer da ist. Das war auch der Grund, weshalb ich mir zu bezweifeln erlaubte, daß das Verbrechen von der Erdoberfläche verschwinden wird. Man wird da ein bißchen pessimistisch in meinem Beruf.«

Mr. LeBon stand auf.

»Es ist also nicht illegal, wenn wir unsere Geldmaschine zum Spaß benutzen, oder?« fragte Schwede.

»Nein«, gab Mr. LeBon zu, »aber tut mir einen Gefallen und sagt den Leuten hinterher, daß ihr ihnen einen Trick vorgemacht habt und es bloß ein Scherz war. Das erspart uns eine Menge aufgeregter Anrufe.«

Mr. LeBon verabschiedete sich und ging die Treppe hinunter.

Neil setzte sich erst einmal und holte tief Luft.

»Ich hätte nicht gedacht, daß Sturchen so dumm sein kann«, sagte Schwede kopfschüttelnd.

»Ich schon«, erwiderte Neil. »Aber was ich viel spannender finde, ist, daß es in unserer Stadt einen Fälscherring gibt.«

»Er sagte nicht, in der Stadt«, verbesserte ihn Schwede. »Er sagte, irgendwo in der näheren Umgebung.«

»Also gut, in der näheren Umgebung. Das wird also unser Ferienprojekt sein, einen Falschmünzerring sprengen. Stell dir nur mal vor, wir schleichen uns in ihr Hauptquartier und finden eine ganze Aktentasche voller funkelnagelneuer Geldscheine — vielleicht eine Million Dollar!«

»Und alle gefälscht«, Schwede machte ein saures Gesicht. »Da hätten wir viel davon.«

»Aber vielleicht bekämen wir eine Belohnung. Jedenfalls finde ich, wir sollten uns der Sache annehmen.«

»Einverstanden«, erwiderte Schwede. »Wir müssen nur wissen, wie wir's anfangen sollen.«

Neil langte zum Schreibtisch hinüber nach der Geldmaschine, die Mr. LeBon eben untersucht hatte. Er drehte die Kurbel, und heraus kam eine Eindollarnote. »He, guck mal, Schwede. Wir fangen schon an, Geld zu verdienen an dem Fall«, sagte er vergnügt. »Er hat seinen Eindollarschein mitzunehmen vergessen.«

»Den wollen wir uns lieber mal genau ansehen. Könnte immerhin ein falscher sein«, warnte Schwede.

Sie prüften ihn sorgfältig, aber er war offensichtlich echt.

»Vielleicht kommt Mr. LeBon ja zurück«, meinte Neil. »Ich glaub', es ist besser, wir tragen ihn in unsere Bücher als Vorschußhonorar vom Secret Service ein.«

Der rote Volkswagen

Die großen Ferien standen vor der Tür, und in der Aufregung der letzten Schultage dachten Neil und Schwede beide fast eine Woche lang nicht mehr an die Geldfälscherbande. Dann kamen die langen, eintönigen Sommerwochen.

An einem Freitagnachmittag, nach dem Essen, lagen sie auf dem Rasen hinter Schwedes Elternhaus und berieten, was sie mit ihrer Zeit anfangen könnten. Das Gras in beiden Gärten war frisch geschnitten, mehr zu tun gab es vorläufig nicht.

»Wir könnten mal wieder angeln gehen«, schlug Neil vor.

»Das letzte Mal haben wir nichts gefangen«, winkte Schwede ab. »Außer Hochseefischerei kann mich nichts mehr reizen.«

»Schon gut«, sagte Neil. »Wie wär's denn, wenn wir in der Falschgeldgeschichte 'n bißchen weiterarbeiten würden?«

»Wo wir gerade so schwer am Arbeiten sind, willst du wohl sagen?« gähnte Schwede, drehte sich auf den Rücken und starrte in den Himmel.

»Na, wir können immerhin nachdenken«, erwiderte Neil, »das erfordert keine große Anstrengung.«

»Nee, überhaupt keine«, versetzte Schwede trocken. »Aber ich kann mir den Kopf noch so viel zerbrechen, ich habe nicht die leiseste Ahnung, wie wir die Sache anpacken können.«

»Ich hab' mal in einer Illustrierten was über Falschgelddrucker gelesen«, sagte Neil, an einem ausgerupften Grashalm kauend. »Das Hauptproblem für sie ist, ihr Falschgeld loszuwerden und dafür echtes zu bekommen. Natürlich können sie nicht einfach mit einem Riesenkoffer voller Geldscheine zur nächsten Bank gehen. Sie müssen irgend etwas damit einkaufen, so daß sie beim Bezahlen echtes Geld herausbekommen.«

»Wär' für mich kein Problem, ich wüßte immer, was ich mir kaufen wollte«, bemerkte Schwede träge.

»Ja, aber der Trick dabei ist, daß man jedesmal nur eine Kleinigkeit kauft, um so viel Wechselgeld wie möglich zu erhalten. Selbstverständlich kannst du nicht in den Drugstore gehen, um einen Sprudel zu bestellen, und dann mit einer Zwanzigdollarnote bezahlen wollen, und das vier- oder fünfmal am gleichen Tag. Das würde Verdacht erregen.«

Schwede mußte lachen. »Sturchen O'Brien verdächtigte uns schon, als wir mit einer Fünfdollarnote bezahlen wollten, wie wäre es erst bei einer Zwanzigdollarnote gewesen!«

»Die Frage ist also, wo würde es am wenigsten auffallen, wenn man nur eine Kleinigkeit kauft und sich auf eine Zwanzigdollarnote herausgeben läßt«, überlegte Neil laut.

»Im Supermarkt«, kam Schwede die Erleuchtung. »Man geht hinein, kauft ein Brot, eine Dose Tomaten oder sonstwas und bezahlt mit einer Zwanzigdollarnote. Dann geht man 'raus, bringt seine Sachen zum Auto, und das Spiel geht von neuem los, nur an einer anderen Kasse. Auf diese Weise könnte man fünf oder sechs Zwanzigdollarscheine einwechseln, ohne daß es irgend jemand auffällt.«

»Gar kein übler Gedanke«, fand Neil bei näherem Nachdenken. »Vermutlich klappt es am besten, wenn der Laden ordentlich voll ist. Wann ist eigentlich im Apex-Supermarkt am meisten Betrieb?«

»Freitagnachmittag von halb vier bis etwa halb sechs ist die Haupteinkaufszeit«, war Schwedes prompte Antwort. »Ich weiß es, weil Willy Sanchez beim Einpacken der Lebensmittel hilft, und der muß dann immer dort sein.«

»Vielleicht sollten wir ihm was sagen«, schlug Neil vor. »Wir könnten ihm einen Wink geben, aufzupassen, ob irgend jemand mit großen Scheinen bezahlt.«

Schwede schüttelte den Kopf: »Nee, bloß nicht! Wenn dem einer verdächtig vorkäme, wäre er so aufgeregt, daß ein wirklicher Geldfälscher Lunte riechen und abhauen würde. Außerdem hat man beim Einpacken keine Zeit, sich viel umzusehen und die Leute an den anderen Kassen zu beobachten. Im Frühling habe ich ein paar Tage dort gearbeitet, eines Tages gab es einen Streit auf dem Parkplatz, ich versuchte gleichzeitig zuzusehen und Waren einzupakken. Und was war das Ergebnis? Ich knallte eine Tüte mit fünf Pfund Zucker auf ein Dutzend Eier. Das war vielleicht eine Bescherung!«

»Los, schwingen wir uns auf die Räder und sehen uns die Sache mal an«, schlug Neil vor.

Sie fuhren zum Apex-Supermarkt und kurvten auf dem Parkplatz im Zickzack zwischen den Autos herum. Es war ein Uhr und nur mäßiger Betrieb. Bloß drei Kassen waren besetzt, und selbst die hatten nicht viel zu tun.

»Wir können hier nicht zwei oder drei Stunden lang Runden drehen«, sagte Schwede, als sie zum sechsten Male an den großen Schaufensterscheiben vorbeifuhren. »Außerdem kann man nicht viel sehen, wenn man aufpassen muß, wo man fährt, und wenn man nicht aufs Fahren aufpaßt, gibt es am Ende noch 'ne Karambolage.«

»Was wir jetzt brauchten, wäre ein Auto, in dem wir hier mittendrin in aller Ruhe sitzen und jeden, der den Supermarkt verläßt, beobachten könnten«, meinte Neil.

»Tatsächlich, das fehlt uns«, stimmte Schwede ihm zu. »Seit Jahren liege ich meinen Eltern damit in den Ohren, doch die stellen sich taub. Aber davon abgesehen, wir sind ja beide noch nicht alt genug für einen Führerschein.«

»Wie wär's mit dem Kirchturm da drüben?« fragte Neil plötzlich und wies mit dem Kopf nach der Kirche auf der anderen Seite der Straße.

Schwede warf einen prüfenden Blick hinüber. »Wir brauchten ein Fernglas«, meinte er.

»Dad hat eins«, erwiderte Neil.

»Zu Hause hab' ich auch eins. Also gut, wir treffen uns ein paar Minuten nach drei hier vor der Kirche.«

Ungefähr ein Viertel nach drei waren Neil und Schwede auf dem Kirchturm und machten es sich so bequem wie möglich. Es war ein massiver Bau aus grauem Stein; der kleine quadratische Raum, in dem die Glocke hing, öffnete sich nach außen in einer Reihe von langen, schmalen Fensternischen. Die beiden Jungen wählten sich jeder eine als Beobachtungsplatz und stellten ihre Ferngläser ein. Von den Kassenschaltern waren inzwischen sechs besetzt.

»Die Kassiererin da links, die große Frau mit dem hochgetürmten Haar, hat gerade einem Kunden ein Fünfcentstück von 1921 gegeben«, verkündete Schwede. »Genauso eins brauche ich für meine Münzsammlung, ob ich mal eben 'runterrenne?«

»Spring doch lieber gleich, sonst ist es futsch«, zog Neil ihn auf. »Behalt du die drei Kassiererinnen auf der linken Seite im Auge, ich nehme die auf der rechten.« Die nächste halbe Stunde beobachteten sie angestrengt die Kassenschalter am Ausgang, ohne daß sie indessen etwas besonders Verdächtiges entdecken konnten. Eine ganze Menge von den Leuten, die da unten ihre Einkäufe machten, kannten sie; ihr Beobachtungsposten war viel interessanter, als sie gedacht hatten.

»An Kasse zwei steht gerade Sally Hanovers Mutter«, meldete Schwede. »Kein Wunder, daß Sally so dick ist, ich wette, Mrs. Hanover hat mindestens sieben Pfund Butter in ihrer Einkaufstasche.«

Statt zu antworten, fragte Neil: »Was meinst du, wie könnten wir es anstellen, bei den Friedmans zum Abendessen eingeladen zu werden? Mann, du solltest bloß mal die Steaks, den Rinderbraten und das Geflügel sehen, das Mrs. Friedman eingekauft hat!«

Es war fast halb fünf, und noch immer hatte keiner von

28

beiden irgend etwas auch nur halbwegs Verdächtiges bemerkt.

»Siehst du den Langen da mit dem blauen Hemd, der am Packtisch steht?« fragte Schwede plötzlich. »Er hat nur zwei oder drei kleine Päckchen. Ich bin sicher, das ist derselbe, der herauskam, kurz nachdem wir unseren Posten bezogen hatten.«

Trotz der Ferngläser konnten sie die Geldscheine, die die Kunden den Kassiererinnen gaben, nicht deutlich genug erkennen. Immerhin mußte der Mann im blauen Hemd der Frau an der Kasse einen ziemlich großen Schein gegeben haben, denn er erhielt eine ganze Menge Kleingeld zurück. Die Frau zählte es ihm sorgfältig auf die ausgestreckte Hand.

»Kennst du ihn?« fragte Neil.

»Nie im Leben gesehen«, antwortete Schwede. »Aber das will nichts besagen, die Leute kommen oft von weither, um hier einzukaufen.«

»Wir sollten vielleicht versuchen, ihm zu folgen«, meinte Neil und richtete sein Fernglas wieder auf den Mann.

»Soweit ich mich erinnere, fuhr er vorhin nach rechts«, sagte Schwede. »Er ist mir nur wegen dieses blauen Sporthemds mit dem bunten Blumenmuster aufgefallen. Fuhr einen kleineren Wagen, Volkswagen oder so was ähnliches, das hab' ich nicht so genau gesehen.«

»Los, gehen wir«, sagte Neil.

Die Jungen rannten die Turmtreppe hinunter und liefen über die Straße zu ihren Fahrrädern, die sie auf dem Parkplatz abgestellt hatten. Sie kamen gerade noch rechtzeitig, um zu sehen, wie der Mann in einen alten roten Volkswagen einstieg. Ohne sich besonders zu beeilen, fuhren sie zu der nach Schwedes Meinung in Frage kommenden Ausfahrt. Im nächsten Augenblick fuhr der Volkswagen auch schon an ihnen vorbei. Er mußte in einer Schlange von mehreren Wagen warten, bis er auf die Fahrbahn einbiegen konnte. Aus dem Radeinschlag war jedoch zu erkennen, daß er nach links, aus der Stadt hinaus, wollte.

Neil und Schwede fuhren auf dem ungepflasterten Streifen neben der Straße und brauchten den vorbeifließenden Verkehr nicht abzuwarten. Sie traten mit aller Macht in die Pedale und hatten bereits einen Vorsprung von gut zweihundert Metern, als der Volkswagen endlich freie Fahrt bekam und sie einzuholen begann. Obwohl sie sich wie wild abstrampelten, wurden sie von dem kleinen Auto rasch überholt. Zum Glück war am Stadtrand eine Verkehrsampel; sie schaltete gerade auf Rot, als der Volkswagen sich ihr näherte. Bis das grüne Licht kam, hatten sie ihn wieder eingeholt und fuhren fast gleichzeitig mit ihm über die Kreuzung. Ein kurzes Stück weiter ging es einen kleinen Hügel hinauf, und bevor sie oben angekommen waren, hatten sie den Volkswagen aus den Augen verloren. Von der Hügelkuppe konnten sie die Straße fast eine Meile weit übersehen. Der Volkswagen war nur noch ein Punkt in der Ferne.

»In ein paar Minuten ist er ganz verschwunden«, seufzte Neil entmutigt.

»Eine Chance gibt es noch«, sagte Schwede. »Die meisten Leute, die irgendwann einmal an dieser Straße gewohnt haben, kennt mein Vater. Falls der Mann hier aus der Umgebung kommt, kann es gut sein, daß er in der neuen Siedlung ein Stück weiter, links von der Straße, wohnt.«

Mr. Larsen war Bauunternehmer, daher wußte sein Sohn über alle Neubaugebiete in der Gegend gewöhnlich gut Bescheid.

»Wie weit ist es bis dahin?« fragte Neil und wischte sich den Schweiß von der Stirn. Es war ein heißer Tag, der glühende Asphalt warf die Sonnenhitze unbarmherzig zurück.

»Noch ungefähr drei Meilen«, sagte Schwede. »Aber es kommt nur noch eine Steigung und die erst ganz zum Schluß.«

Da es keinen Sinn mehr hatte, sich abzuhetzen, radelten sie in gemütlichem Tempo weiter. Mehrmals hielten sie an, um sich mit diesem oder jenem zu unterhalten; als sie über eine Brücke fuhren, unter der ein Bach floß, hielten sie sogar nach Fischen Ausschau. Schließlich stießen sie auf eine neue Straße, die in ein Waldgelände zur Linken führte. Nicht weit vom Highway gingen von ihr mehrere Seitenstraßen ab, an denen eine ansehnliche Wohnsiedlung von etwa achtzehn bis zwanzig Häusern lag.

»Ich wußte gar nicht, daß es hier so viele neue Häuser gibt!« rief Neil überrascht aus. »So'n Mist!«

»Wieso Mist?« fragte Schwede, »es sind doch ganz hübsche Häuschen. Sechs davon hat mein Vater gebaut!«

»Ich meine ja nur, wegen der vielen Leute«, verbesserte sich Neil. »Siehst du das Haus da drüben? Genau da, wo jetzt die Garage steht, hab' ich mal ein Lagerfeuer gemacht und Würstchen gebraten.«

»Die Leute müssen schließlich irgendwo wohnen«, sagte Schwede. »Und außerdem möchte ich wetten, daß deine Würstchen halb verbrannt waren.«

Sie fuhren eine der Seitenstraßen ganz hinunter. In aller Ruhe betrachteten sie die Häuser und tauschten ihre Meinungen über die besonderen Vorzüge oder Nachteile jedes einzelnen aus. Die meisten waren schon bewohnt und einige bereits von hübschen Rasenflächen und Gartensträuchern umgeben. Da die Straße in einer Sackgasse endete, fuhren Neil und Schwede zurück und sahen sich in der nächsten Straße um. In der dritten, ungefähr in der Mitte, kamen sie an einem braunen Blockhaus vorbei, das ihnen besonders gut gefiel. Das Grundstück, auf dem es stand, war doppelt so groß wie die anderen, der Rasen frisch planiert und eingesät. An der Auffahrt und rings um das Grundstück waren eine Menge Sträucher gepflanzt. Im Vordergarten standen zwei gewaltige Eichen, mehrere Ahornbäume, eine Esche und hinter dem Hause eine Pappel.

»Das ist das nette an dieser Siedlung«, erläuterte Schwede, »man hat hier, im Unterschied zu den meisten anderen Neubauvierteln, die alten Bäume stehenlassen.«

»Was ist das?« fragte Neil plötzlich und wies mit dem Kopf auf das Grundstück daneben. In einem ziemlich großen Umkreis waren alle Bäume gefällt worden, ein hoher Windschutz umgab die freie Fläche. Das Gelände fiel zur Straße hin ab, so daß die Jungen von ihrem tiefer gelegenen Standort aus nicht über den Zaun sehen konnten.

»Sicher ein Schwimmbecken«, antwortete Schwede auf Neils Frage. »Ich weiß, daß zwei oder drei Hausbesitzer sich eins haben einbauen lassen. Es ist neuerdings Vorschrift, einen Zaun darum zu bauen, um zu verhindern, daß kleine Kinder hineinfallen und ertrinken.«

»Der Zaun sieht mir eher danach aus, als sollte er einen Elefanten am Ertrinken hindern«, war Neils Kommentar. »Mann, wär' das 'ne Sache, so ein Schwimmbecken im Garten zu haben!«

»Weiß nicht«, meinte Schwede, »mein Onkel in Montclair hat eins, und er sagt, man hat allein fünf oder sechs Stunden jede Woche damit zu tun, es sauberzuhalten. Außerdem muß man es von Zeit zu Zeit ablassen, das Wasser chloren und reinigen, das Becken jedes Jahr neu streichen und dergleichen mehr. Er sagt, er sei von der ganzen Arbeit viel zu kaputt, um noch Lust zum Schwimmen zu haben, im Grunde hätten nur die Nachbarn etwas davon.«

»Dann müßte man eben neben jemand wohnen, der sich für seinen Swimmingpool so abrackert wie dein Onkel.«

Unmittelbar hinter dem Swimmingpool erhob sich eine Hecke aus eng zusammenstehenden Schierlingstannen. Darüber war das Obergeschoß eines weißgestrichenen Holzhauses sichtbar. Die Jungen fuhren ein kleines Stück weiter, bis sie das Haus ganz übersehen konnten. Es handelte sich um ein stattliches, zweistöckiges Gebäude im Kolonialstil. Der Rasen davor war gut gehalten und erst kürzlich gemäht. Auf der Rückseite war gerade noch die Ecke eines Blumengartens zu erkennen.

»Das war das erste Haus, das hier draußen gebaut wurde, glaub' ich«, sagte Schwede. »Es steht mindestens schon zwei Jahre.«

Ein kleines Stück weiter ging die feste Straße in eine einfache Waldschneise über; offensichtlich sollte sie mit dem Fortschreiten der Bebauung in den Wald hinein verlängert werden. Die Jungen fuhren, bis der Straßenbelag aufhörte, und wollten gerade kehrtmachen, als Schwede Neil mit der Hand ein Zeichen gab.

»Guck mal da in der Garage!«

In der Garage stand ein alter roter Volkswagen. Sie hatten sich vorhin die Zulassungsnummer nicht gemerkt, aber es konnte kaum ein Zweifel sein, daß es derselbe Wagen war, den sie vom Supermarkt an verfolgt hatten.

»Komm, wir fahren noch ein bißchen weiter in den Wald hinein«, schlug Neil vor, »dort verstecken wir unsere Räder und schleichen uns dann im Bogen von hinten an die Garage heran, so daß niemand uns sieht.«

Sie schoben ihre Fahrräder ein kurzes Stück die halbfertige Straße entlang, versteckten sie im Unterholz und bahnten sich dann ihren Weg durch den Wald. Minuten später spähten sie durch das rückwärtige Fenster in die Garage. Obwohl sie sich aufmerksam umsahen, konnten sie außer dem Volkswagen, einem Rasenmäher, mehreren aufgerollten Gartenschläuchen und einem wirren Durcheinander von Gießkannen, Harken und anderen Gartengeräten nichts entdecken. Es sah wie in fast allen Garagen aus.

»Nichts«, sagte Schwede enttäuscht.

»Ja, allerdings dürfte er eine Druckerpresse auch wohl kaum draußen in der Garage stehen haben, wo jeder sie sehen kann«, gab Neil zu bedenken. »Ich hab' zwar keine Ahnung, wie groß so'n Apparat ist, mit dem man Noten druckt, aber klein ist er bestimmt nicht.«

»Hängt wahrscheinlich ganz davon ab, ob du große oder kleine Noten drucken willst«, flachste Schwede und duckte sich, bevor Neil ihm eins versetzen konnte.

Dicht an der einen Garagenecke stand eine weitausladende Eibe; im Schutz ihres dichten Gezweigs spähten sie nach dem nur wenige Meter entfernten Haus hinüber. Die Fenster eines Raumes — offenbar der Küche — standen offen, und sie konnten hören, wie jemand drinnen herumhantierte. Deutlich unterschieden sie ein Geräusch wie von einer Küchenmaschine, gleich darauf klirrte ein Löffel gegen Porzellan. Neil schnupperte prüfend in der Luft.

»Riecht ganz, als wär' was angebrannt«, meinte er. »Wenn wir direkt unter dem Fenster stünden, könnten wir jedes Wort verstehen, das drinnen gesprochen wird.«

»Ich kann keine Stimmen hören«, wandte Schwede ein, »wie kommst du darauf, daß sich irgend jemand da drinnen unterhalten sollte?«

»Weil nach meiner Meinung *zwei* Leute im Haus sind. Im Auto haben wir einen Mann gesehen, und das da in der Küche ist wahrscheinlich eine Frau.«

»Nicht ausgeschlossen, das dumme ist nur, daß uns dann womöglich zwei Leute beobachten, wenn wir zu den Fenstern hinüberrennen. Und jeder, der aus der Gartentür herauskäme, würde uns sofort sehen.«

Sie warteten lieber noch einige Minuten. Plötzlich klingelte irgendwo im Haus das Telefon. Neil und Schwede nickten sich kurz zu und liefen rasch aus ihrem Versteck unter der Eibe zu einer Stelle direkt unter den Küchenfenstern hinüber. Wenn sie sich eng an die Erde kauerten, konnten sie hier ganz unbeobachtet bleiben. Offensichtlich gab es in der Küche kein Telefon, oder falls doch, war es ein anderes, das geklingelt hatte. Sie hörten, wie im Nebenraum ein Mann sprach. Aus der Küche war kein Laut zu hören.

Vorsichtig hoben sie die Köpfe und warfen einen Blick

34

durch das Fenster. Es war eine typische moderne Küche; überall auf den Tischplatten lagen Töpfe, Pfannen und Schüsseln herum, irgend jemand war gerade mit der Zubereitung irgendwelcher Gerichte beschäftigt gewesen. Neil registrierte mit einem flüchtigen Blick eine Rührschüssel, ein paar große Kochlöffel und das Mixgerät, dessen Surren sie wenige Minuten vorher gehört hatten.

»Sieht so aus, als ob jemand einen Kuchen bäckt«, sagte er.

»Wenigstens dürfte feststehen, daß er keine Zwanzigdollarnoten druckt«, bemerkte Schwede trocken.

»An einem so heißen Tag wie heute sind bestimmt noch mehr Fenster offen«, vermutete Neil. »Geh du rechts ums Haus, ich geh' links 'rum, vielleicht finden wir ein Fenster, an dem wir das Gespräch mithören können. Ist ja möglich, daß es ein wichtiger Anruf von einem Komplizen ist.«

Sie duckten sich wieder hinunter und schlichen jeder in anderer Richtung um das Haus. Ungefähr in der Mitte der linken Hauswand kam Neil an einem offenen Fenster vorbei, durch das die Worte des Telefonierenden deutlich nach draußen drangen.

»Ich bin Ihnen wirklich sehr verbunden für Ihren Anruf und Ihr freundliches Angebot, uns zu helfen«, sagte eine männliche Stimme, »aber ich glaube, wir kommen auch so mit allem klar. Wissen Sie, Alices Bruder und seine Frau wohnen ganz in der Nähe des Krankenhauses, und Myrtle ist schon die ganze Woche bei ihnen. Alle drei holen Alice heute nachmittag ab, ich nehme an, gerade um diese Zeit. Wahrscheinlich sind sie um sechs oder ein bißchen später hier. Ich bin eben dabei, ein Essen zur Feier des Tages vorzubereiten.«

Es trat eine kurze Pause ein, während der Mann zuhörte, was am anderen Ende der Leitung gesprochen wurde. Dann fuhr er fort: »Nun, einige Monate wird sie

35

noch ziemlich an den Rollstuhl gefesselt sein. Sie wird aber schon jeden Tag ein paar Schritte machen können, und wir hoffen, daß sie noch vor Ende des Jahres ganz auf den Rollstuhl wird verzichten können.« Wieder kam eine kurze Pause, dann sagte der Mann: »Ich hab' mir ein paar Tage freigenommen, um alles ordentlich herzurichten. Der Rasen sieht wieder ganz manierlich aus, und das Haus ist einigermaßen sauber und aufgeräumt. Nur in der Küche sieht es im Augenblick noch ziemlich wüst aus, damit komm' ich nicht so gut zu Rande.« Er wurde einen Moment unterbrochen und lachte: »Nein, vielen Dank, ich denke, mit dem Essen werde ich schon fertig. Ich brate gleich ein Steak draußen, und das übrige dürfte nicht allzu schwer sein. Das größte Problem scheint der Kuchen zu sein. Wahrscheinlich wäre es besser gewesen, ich hätte einen gekauft, aber ich hatte es mir nun mal in den Kopf gesetzt, selbst einen zu backen.«

Dann hörte der Mann wieder mehrere Minuten schweigend zu, bis auf ein gelegentliches »Ja, ja« oder »O je, o je«. Schwede kam um die Hausecke und kauerte sich neben Neil auf den Boden.

»Ich hab' Fertigteig genommen«, ertönte die Stimme von neuem. »Die Anweisungen auf der Verpackung klangen ganz einfach, und man sollte meinen, ein Chemiker müßte eigentlich schlau daraus werden. Aber ich hatte die falsche Schüssel und eine zu große Kuchenform erwischt und habe überhaupt alles falsch gemacht, was man nur falsch machen konnte. Irgendwie war der Teig trotzdem geworden, und ich schob ihn in den Backofen. Leider hatte ich vergessen, die Zeituhr einzustellen. Ich ging dann in mein Zimmer und vertiefte mich in irgendeine Arbeit. An den Kuchen dachte ich erst wieder, als es zu spät war — er war natürlich total verkohlt. Idiotischerweise hatte ich nur *eine* Packung Fertigteig gekauft, so daß ich nochmal zum Supermarkt fahren mußte.«

36

»Das sieht mehr nach verbranntem Kuchen als nach gefälschten Banknoten aus«, flüsterte Schwede enttäuscht.

»Was wieder mal die alte Weisheit bestätigt, daß nicht jeder, der verdächtig aussieht, auch ein Verbrecher ist«, bemerkte Neil. »Sonst wären wir ja auch alle im Kittchen.«

Das Telefongespräch wandte sich von dem Kuchenthema ab und wieder medizinischen und Krankenhaus-Problemen zu. Der Gesprächspartner am anderen Ende der Leitung schien eine Autorität auf diesem Gebiet zu sein und bestritt den Hauptteil der Unterhaltung. Der Mann im Haus warf nur ab und zu ein paar Worte ein, meistens hörte er zu.

»Wenn er nicht aufpaßt, läßt er den zweiten Kuchen auch noch verbrennen, was meinst du?« sagte Neil mit einem Blick auf seine Armbanduhr.

Schwede grinste: »Er ist allein im Haus, und der andere redet sicher noch zwanzig Minuten. Weißt du, was ich mache? Ich schleich' mich in die Küche und guck' mal nach, wie weit der Kuchen ist.«

»In Ordnung, wenn er auflegt, pfeife ich.«

Schwede entfernte sich. Ein paar Minuten später war er zurück. »Ich hab' ihn 'rausgenommen«, flüsterte er Neil zu. »Ich glaub', er war gar. Einen Zahnstocher, wie meine Mutter ihn zum Reinstechen nimmt, konnte ich nicht finden, ich hab' mit einem Strohhalm aus dem Besen 'reingepiekt. Ich glaube, der Kuchen war gerade richtig so. Hab' ihn aus dem Ofen genommen und auf einen Untersetzer auf den Küchentisch gestellt.«

»Er wird denken, es sind Heinzelmännchen im Haus gewesen, wenn er endlich vom Telefon wegkommt«, sagte Neil grinsend. »Komm, wir hauen ab.«

Anstatt denselben Weg zurückzugehen, auf dem sie gekommen waren, schlichen sie quer über den Hof zur Tannenhecke und schlüpften zwischen zwei Bäumen hindurch, um sich das Schwimmbecken auf dem Nachbargrundstück anzusehen. Es war ein schönes Becken, aber noch ohne Wasser darin. Der mindestens zwei Meter hohe Zaun, der es umgab, umschloß außer dem Becken auch einen beträchtlichen Teil des Gartens.

»Wenn dieser Zaun dazu da ist, kleine Kinder fernzuhalten, müssen die ihre Nachbarn wohl für Riesen halten«, machte sich Neil lustig.

»Das Tor ist offen«, machte Schwede seinen Freund aufmerksam. »Ich glaub', die sind noch gar nicht eingezogen.«

Nachdem sie einmal um den ganzen Zaun herumgegangen waren, betraten sie durch die Pforte das Innere. Sie gingen zum Schwimmbecken hinüber und blieben auf dem Plattenweg neben dem Beckenrand stehen. Es war ein großes, rechteckiges Bassin, ungefähr zweieinhalb Meter am einen Ende und ein Meter zwanzig am anderen tief.

»Das Filtersystem haben sie schon«, sagte Schwede und zeigte auf ein kompliziertes Gewirr von Ventilen, Kesseln und Pumpen in einer Ecke der Umzäunung. »Fehlt nur noch das Wasser und ein Sprungbrett.«

»Auf das Sprungbrett könnt' ich zur Not auch verzichten«, bemerkte Neil, »ich wär' schon mit klarem, kaltem Wasser zufrieden.«

Sie holten ihre Räder und machten sich auf den Heimweg zur Stadt. Vorhin, als sie sich eingebildet hatten, einem Geldfälscher auf der Spur zu sein, waren ihnen die drei oder vier Meilen nicht besonders lang erschienen. Jetzt dagegen, wo ihre Vermutung sich als ein Hirngespinst herausgestellt hatte, kam ihnen die Strecke endlos vor. Die leichte Brise, die sie auf der Hinfahrt gehabt hatten, war eingeschlafen, es war ein schwüler, drückend heißer Nachmittag geworden.

»Also, das steht fest: Das erste, was ein Detektiv braucht, ist ein Auto«, stöhnte Neil. »Diese Abstrampelei auf dem Fahrrad macht einen ganz fertig. Und während wir uns hier von einem Ort zum andern abquälen, ertrinkt unser Land in einer Flut von Verbrechen.«

»Wir können das ja mal der Zulassungsstelle klarzumachen versuchen«, meinte Schwede. »ich glaube nur nicht, daß die viel Verständnis dafür haben werden.«

Gerade als sie die einzige Kurve auf der ganzen Strecke durchfuhren, sahen sie ein Stück weiter vorn am Straßenrand einen klapprigen Lieferwagen parken. Ein Mann lag neben dem linken Hinterrad auf den Knien und starrte unter den Wagen.

»Der hat 'nen Platten und kommt mit dem Wagenheber nicht klar«, urteilte Schwede fachmännisch, als sie näher herangekommen waren.

Als sie den Lastwagen erreicht hatten, hielten sie an. Der Fahrer war ein älterer Mann, so gegen Ende sechzig. Die wenigen Haare, die er noch hatte, waren schlohweiß. Er hatte ein rundliches Kindergesicht, kurze, stämmige Arme und Beine und einen dicken, gemütlichen Bauch, der ihm offenbar ziemlich im Wege war bei dem Versuch, den Wagenheber unter die Hinterachse zu wuchten.

»Hab'n bißchen Pech gehabt«, sagte er und sah zu Neil und Schwede hinauf, »muß wohl über einen Nagel gefahren sein.«

Die Jungen besahen sich den platten Reifen. Beide Hinterräder zeigten kaum noch Profil, und es gehörte wirklich nicht viel dazu, daß ein Nagel durch das dünngewordene Gummi drang. Trotzdem machte der Mann bei der ganzen Angelegenheit ein so vergnügtes Gesicht, als könne es an solch einem heißen Sommernachmittag nichts Lustigeres geben als einen platten Reifen.

»Vielleicht können wir Ihnen behilflich sein«, meinte Neil.

Sie stiegen von den Rädern, Schwede legte sich auf den Bauch und kroch unter das Hinterende des Lastwagens. Mit wenigen Handgriffen hatte er den Wagenheber richtig angesetzt und begann das Fahrzeug hochzuhieven. »Blokkier' mal die Räder, bitte«, bat er Neil. »Ich hab' keine

Lust, überrollt zu werden, falls die Kiste vom Wagenheber abrutscht.«

Bald war das Rad so weit angehoben, daß es sich frei drehen konnte, aber nun zeigte sich, daß der rundliche Fahrer beim Losmachen der Radkappen genauso ungeschickt war wie vorher beim Anbringen des Wagenhebers. Neil nahm ihm die Arbeit ab, doch gleich danach erwies sich der Mann als vollkommen unfähig, die Nabenmuttern loszuschrauben. Neil und Schwede waren sich einig, daß er ein hoffnungsloser Fall war und ihnen nichts übrig blieb, als den ganzen Radwechsel für ihn zu erledigen. Der Reservereifen war fast ebenso abgefahren wie die anderen, aber wenigstens hatte er Luft. Nach zehn Minuten hatten sie alles geschafft und verstauten den platten Reifen und den Wagenheber auf der Ladefläche des Lieferwagens.

»Ihr habt mir sehr geholfen«, bedankte sich der Mann. »Allein hätte ich bestimmt eine Stunde damit zugebracht.« Er gluckste behaglich in sich hinein, die Vorstellung schien ihn nicht im mindesten zu bedrücken. »Ich möchte euch gern was dafür bezahlen.«

Er langte in seine Gesäßtasche und zog ein abgewetztes Portemonnaie hervor. Neil stand direkt neben ihm, als er es aufmachte, und sah zwei Eindollarnoten. Der Mann trug eine ausgefranste Khakihose und ein altes Hemd mit einem Riß im Ärmel. Das Portemonnaie, die Kleidung, der Lieferwagen – all das ließ nicht gerade auf Wohlstand schließen.

»Vielen Dank, wir wollen nichts dafür«, sagte Neil. Schwede wollte ihm auf den Fuß treten, doch Neil war flinker.

Der Mann sah auf seine beiden Eindollarnoten und beschloß, nicht weiter in die Jungen zu dringen. »Nun, ich finde es jedenfalls sehr nett von euch beiden«, sagte er und streckte ihnen die Hand hin. »Mein Name ist Joe Delmonico, ich wohne da drüben bei Titusville. Wenn ich mal irgendwas für euch tun kann, so laßt es mich wissen.«

40

Neil und Schwede stellten sich ebenfalls vor und schüttelten Mr. Delmonico die Hand. Plötzlich sagte Schwede: »Ich weiß, was Sie für uns tun können, falls Sie zur Stadt fahren: Wir laden unsere Räder auf, und Sie nehmen uns ein Stück mit.«

»Mit Vergnügen«, erwiderte Mr. Delmonico fröhlich. Man sah ihm die Freude an, sich seinen beiden Helfern erkenntlich zeigen zu können. Die Jungen luden die Fahrräder auf die Ladefläche und kletterten nach vorn in die Fahrerkabine.

Mr. Delmonico drehte den Zündschlüssel, und der Motor sprang mit furchtbarem Getöse an; holpernd und ratternd setzte sich das Vehikel in Bewegung. Das Innere der Fahrerkabine sah genauso alt und verwahrlost aus wie der ganze Wagen. Die Sitzpolster hatten riesige Löcher, und loses Werkzeug scheppperte auf den zerschlissenen Fußmatten hin und her. Das Tachometer arbeitete unregelmäßig, wenn es nicht überhaupt stillstand; mal zeigte es neunzig Stundenkilometer an, im nächsten Moment stand es bei zwanzig. Nach Neils Schätzung fuhren sie etwa fünfundfünfzig. Der Benzinanzeiger hatte überhaupt keine Nadel mehr, es war Neil absolut schleierhaft, wie Mr. Delmonico wissen konnte, ob noch genügend Benzin im Tank war. Immerhin, der Wagen fuhr, wenn auch nicht gerade leise, und in wenigen Minuten waren sie in der Stadt. Neil und Schwede stiegen aus und bedankten sich bei ihrem freundlichen Fahrer fürs Mitnehmen. Mr. Delmonico hatte sich schon von ihnen verabschiedet, nicht ohne ihnen noch einmal für die Hilfe zu danken, als er plötzlich in die Brusttasche seines ausgebleichten Hemdes griff.

»Hier hab' ich noch was, das möchte ich euch gern schenken«, sagte er. Er zog einen Cellophanbeutel heraus und reichte ihn Schwede, der näher bei ihm stand. »Ich weiß nicht, ob ihr Briefmarken sammelt — das ist ein Satz amerikanischer Marken. Mein Neffe ist in der Briefmarkenbranche, er kauft und verkauft Briefmarken und beliefert die Händler im ganzen Land. Ich selbst bin kein Sammler, deshalb weiß ich auch nicht genau, was für Marken der Beutel enthält. Aber wenn ich euch damit eine Freude machen kann?«

»Oh, vielen herzlichen Dank«, erwiderte Schwede und steckte das Päckchen ein. Wozu sollte er ausdrücklich sagen, daß weder er noch Neil Briefmarken sammelten? Mr. Delmonico schien es solchen Spaß zu machen, ihnen etwas zu schenken, daß es sehr unfreundlich gewesen wäre, ihm die Freude zu verderben.

»Und vergeßt nicht, bei mir 'reinzugucken, wenn ihr zufällig mal vorbeikommt«, setzte Mr. Delmonico hinzu, wobei er den Jungen mindestens zum drittenmal die Hände schüttelte, »ich wohne in der Apple Creek Road.«

Ein verbotenes Bad und seine Folgen

Mehrere Tage lang waren Neil und Schwede mit Rasenmähen und anderen kleinen Arbeiten beschäftigt. Am Mittwoch waren sie endlich mit allem fertig und hatten nach ihrer Meinung genug Geld verdient, um sich einen freien Tag leisten und einer interessanteren Tätigkeit zuwenden zu können. Bald nach dem Frühstück trafen sie sich im Carson Street Detektivbüro, um zu besprechen, was sie mit ihrer freien Zeit anfangen könnten.

»Laß uns schwimmen gehen«, schlug Schwede vor, »wir waren in diesem Jahr erst zwei- oder dreimal.«

»Ich hab' gehört, der Bach bei Burnt Hill hat kaum noch Wasser«, erwiderte Neil. »Wir könnten da vielleicht ein paar Fische fangen, aber Schwimmen hat keinen Sinn.«

»Ich hab' eine Idee«, sagte Schwede. »Wir könnten zu der neuen Siedlung fahren, wo wir am vergangenen Freitag waren. Mein Vater sagt, daß der Mann von der Firma, die die Schwimmbecken eingebaut hat, am Wochenende zwei Becken mit Wasser gefüllt und die Filtersysteme ausprobiert hat. Und die Leute sind noch nicht eingezogen. Wir könnten doch dort etwas schwimmen und dann weiter zum Apple Creek zum Angeln fahren.«

»Hm, klingt nicht übel«, meinte Neil. »Allerdings kommen wir auf diese Weise in unserem Falschgeldfall nicht gerade viel weiter.«

»Ach was, es heißt immer, die Arbeit eines Detektivs besteht zu neun Zehnteln aus Denken, und denken können wir beim Schwimmen und Angeln schließlich ebensogut, wie wenn wir bei der Affenhitze hier im Büro hocken.«

Neil mußte zugeben, daß Schwedes Beweisführung einiges für sich hatte. So schwangen sie sich auf ihre Räder und fuhren in die Stadt, um ein paar Würstchen und Brötchen sowie anderen Proviant für ihr Mittagsmahl einzukaufen. Es war ungefähr halb elf, als sie in der Bungalowsiedlung ankamen.

»Die Leute, denen das eine Haus hier gehört, ziehen frühestens in einem Monat ein«, erklärte Schwede. »Unter Umständen können wir noch ein paarmal zum Schwimmen hier 'rauskommen. Wär' fast so, als hätten wir unseren eigenen Swimmingpool.«

»Dagegen hätte ich nichts einzuwenden«, grinste Neil. »Wasser wird schließlich beim Schwimmen nicht abgenutzt.«

»Das Haus, von dem mein Vater sprach, muß dasjenige sein, das wir uns letzten Freitag von außen angesehen haben«, fuhr Schwede fort. »Es ist ein Ranchhaus aus gelben Ziegeln und gehört einem Professor von der Princeton-Universität, der den ganzen Sommer über nicht da ist.«

Sie ließen ihre Räder im Wald auf der anderen Seite der Straße und gingen zu dem neuen Haus hinüber. Der Garten war frisch angelegt und bepflanzt; um in dem weichen

Boden keine Spuren zu hinterlassen, hielten sie sich eng an die Grenzlinie zum Nachbargrundstück. Als sie bis zu der Umzäunung vorgedrungen waren, sahen sie auf den ersten Blick, daß das Becken voll Wasser war.

»Wenn der Mann von dieser Firma es gerade eingelassen hat, ist es sicher schön kalt«, sagte Neil.

»Na ja, das war am letzten Samstag, inzwischen hat es vier Tage Zeit gehabt, sich zu erwärmen.«

Die Jungen schlichen am Zaun entlang, bis sie an das Tor kamen. Das Wasser sah herrlich blau und um so verlockender aus, als die Sonne von Minute zu Minute heißer brannte. Neil und Schwede hatten sich schon zu Hause unter ihren Hosen Badezeug angezogen, so brauchten sie nur die Kleider abzustreifen und hineinzuspringen. Das Wasser hatte genau die richtige Temperatur — angenehm kühl und erfrischend. Nachdem sie ungefähr zwanzig Minuten vor Vergnügen prustend herumgeschwommen waren, kam Neil auf die Idee, auszuprobieren, ob er unter Wasser durch das ganze Becken hin und zurück schwimmen könnte. Er schaffte es nicht und mußte auf der halben Rückbahn auftauchen, um nach Luft zu schnappen. Verwundert bemerkte er, daß Schwede wie gebannt auf das Zauntor starrte. Neil fuhr herum und sah eine große Frau mittleren Alters mit einem riesigen deutschen Schäferhund an der Leine. Ein Blick in ihr Gesicht machte ihm klar, warum Schwede so bestürzt dreinsah. Die Frau war offensichtlich zorngeladen, und der Hund neben ihr machte einen noch grimmigeren Eindruck. Zum Glück hielt sie ihn fest an der Leine. Es würde für diese Bestie sicher kein größeres Vergnügen geben, überlegte Neil, als ein ordentliches Stück von ihm oder Schwede zwischen die Zähne zu bekommen.

»Ich möchte wissen, was das hier bedeuten soll!« rief die Frau mit wütender Stimme.

»Entschuldigung, aber wir dachten, hier wohnt niemand«, stammelte Schwede kläglich.

44

»Ach, und das gibt euch das Recht, hier einfach so ein-zudringen?« schimpfte die Frau. »Ihr denkt wohl, wenn der Eigentümer nicht zu Hause ist, dürft ihr über seinen Grund und Boden trampeln und sein Schwimmbassin be-nutzen?«

»Nein, nein«, beeilte sich Schwede zu versichern, »das denken wir durchaus nicht!«

»Was habt ihr dann hier verloren?« Die Frau ließ nicht locker.

»Wir haben gedacht, da hier niemand wohnt, wäre es nicht so schlimm«, machte Neil einen schwachen Entschul-digungsversuch, während er aus dem Bassin kletterte. »Wir haben ja nichts kaputt gemacht.«

»Immer der gleiche Ärger mit der Jugend von heute!« zankte die Frau unversöhnlich weiter. »Sie hat überhaupt keine Achtung mehr vor dem Eigentum anderer Leute. Da-mit ihr's genau wißt: Hier wohnt jemand, und der hat etwas dagegen, daß ihr seinen Swimmingpool benutzt! Was denkt ihr eigentlich, weshalb wir einen Zaun darum-gebaut haben?«

»Wir dachten, um kleine Kinder fernzuhalten«, antwor-tete Neil schüchtern.

»Kleine Kinder und Bengels wie euch, die keinen Re-spekt vor dem Gesetz haben«, belehrte ihn die Frau. Sie griff in die Tasche ihres Kleides und holte etwas hervor, das wie ein Stück Draht aussah. »So, und jetzt ruf' ich die Polizei an, woll'n doch mal sehen, was die zu eurer Tat zu sagen hat. Solange bleibt ihr hübsch, wo ihr seid!«

Sie knallte das Zauntor hinter sich zu, zog den Draht durch die für ein Vorhängeschloß vorgesehenen Löcher und drehte die beiden Enden fest zusammen.

»Paß auf sie auf, Ralph!« sagte sie zu dem Schäfer-hund, der auf dies Kommando sofort vor dem Tor Posten bezog. »Beiß ihnen in die Hände, wenn sie versuchen sollten, den Draht abzumachen.« Sie wandte sich noch einmal zu den Jungen um und sagte: »Ich rate euch, versucht nicht zu entwischen, Ralph versteht keinen Spaß!«

Damit überließ sie die beiden Missetäter sich selbst und verschwand mit großen, energischen Schritten um die Hausecke.

»Die war ganz schön in Fahrt«, waren Neils erste Worte, als sie wieder allein waren. »Sieht ganz so aus, als ob wir Ärger kriegen.«

»Demnach muß es zwei Ranchhäuser aus gelben Ziegeln mit Schwimmbecken geben«, sagte Schwede verzagt. »Trotzdem, finde ich, könnten wir erst mal unsere Sachen anziehen.«

Sie zogen sich die Hosen über das nasse Badezeug und sahen sich mißmutig an. Neil machte ein paar vorsichtige Schritte in Richtung auf den Ausgang, aber sofort fing der große Schäferhund an, bedrohlich zu knurren.

»Ich würde mich lieber nicht mit ihm anlegen«, riet Schwede. »Der ist imstande und beißt dir die ganze Hand ab.«

»Was meinst du, wie lange es dauert, bis die Polizei hier ist?« fragte Neil. »Hier draußen ist sicher die Landgendarmerie zuständig. Hoffentlich ist's jemand, den wir kennen.«

»Um Gottes willen, bloß das nicht«, meinte Schwede, »das würde die Sache nur noch schlimmer machen. Ich nehme zwar an, daß wir mit einer Verwarnung davonkommen, aber trotzdem wär' es mir lieber, ich würde mir meinen guten Ruf bei der Polizei nicht verderben.«

»Hör mal, ich seh' eben, daß überhaupt keine Telefondrähte zum Haus führen«, stellte Neil fest. »Vielleicht haben die noch gar kein Telefon. Wie will sie dann die Polizei verständigen?«

»Unten an der Ecke, wo gebaut wird, ist eine provisorische Telefonzelle«, erwiderte Schwede. »Sie braucht ein paar Minuten, bis sie zu Fuß oder mit dem Wagen dort ist.

46

Die Polizei kann frühestens in zehn Minuten hier sein, vielleicht schaffen wir's vorher, hier 'rauszukommen.«

»Ja, aber wie?« Neil sah sich ratlos um. »Diese Art Zaun in Schuhen hochzuklettern, ist unmöglich; barfuß hab' ich's versucht, aber der Draht schneidet ganz gemein in die Fußsohlen. Außerdem würde uns beim Herunterklettern dieser verdammte Köter packen.«

»Würdet ihr an eine Leiter 'rankommen, wenn ich sie von außen an den Zaun stelle?« ließ sich plötzlich eine Mädchenstimme vernehmen.

Erstaunt wandten sich die Jungen um. Zwischen zwei hohen, engstehenden Bäumen der Schierlingstannenhecke sah das runde, bebrillte Gesicht eines Mädchens von etwa vierzehn, fünfzehn Jahren hindurch. Vom Hals an abwärts war die Fragerin hinter den Bäumen verborgen, und es dauerte einige Sekunden, bis Neil und Schwede den Kopf, zu dem kein Körper zu gehören schien, überhaupt entdeckten.

»Es gibt nichts, was wir nicht versuchen würden«, antwortete Neil, »was für eine Leiter ist es?«

»Eine ganz gewöhnliche Aluminiumleiter«, erwiderte das Mädchen. Das Gesicht verschwand, und mehrere Minuten war alles still. Dann erschien zwischen zwei Schierlingstannen das obere Ende einer Metalleiter; sie war über zwei Meter lang und ragte ein kleines Stück über den Zaun herüber.

»Wartet, ich schieb' sie noch zwei oder drei Fuß vom Boden hoch, dann müßte sie eigentlich bald zu euch 'rüberkippen«, rief das Mädchen.

»Und was machen wir mit unserem Freund Ralph?« fragte Schwede.

»Der ist zwar wirklich ein Biest, aber er ist gut dressiert, weiter als bis zur Hecke wird er sich nicht trauen«, beruhigte ihn das Mädchen.

Die Leiter glitt Stück für Stück durch die Hecke, bis sie

wenigstens zur Hälfte über den Zaun hing. Schwede, der etwas größer war als Neil, gelang es, indem er sich auf die Zehenspitzen stellte, eine der Sprossen zu fassen. Er zog, und im nächsten Augenblick hatten sie die Leiter auf ihrer Seite. Schwede lehnte sie gegen einen der Zaunpfosten.

»Einer von uns beiden kann hinaufklettern, von oben über den Zaun springen und durch die Hecke sein, ehe der Hund auftaucht. Nur, was macht der zweite? Er kann natürlich von der obersten Leitersprosse auf die Spitze des Zaunpfahls treten und 'runterspringen, aber das würde heißen, daß die Leiter zurückbleibt.«

»Können wir sie nicht von außerhalb des Zaunes erreichen, wenn wir uns auf die Zehenspitzen stellen?« fragte Neil.

»Kann sein«, erwiderte Schwede, »aber wir müßten sie irgendwie hochziehen und halb über den Zaun bugsieren. Das dauert ein paar Sekunden, und inzwischen hätte uns der Köter erwischt.«

»Wartet 'nen Moment, ich hab' ein Seil!« rief das Mädchen. »Das könnt ihr an eine der oberen Sprossen binden.«

»Wirklich Klasse, das Mädchen«, murmelte Schwede bewundernd.

Gleich darauf flog ein zusammengerolltes Seil über den Zaun. Schwede kletterte die Leiter ein Stück hinauf, bis er mit der Hand die oberste Sprosse erreichen konnte. Er befestigte das eine Ende des Seiles und warf das andere dem Mädchen zurück, das es mit durch die Hecke gestreckten Armen geschickt auffing. Dann kletterte er die Leiter ganz hinauf, hielt sich einen Augenblick auf der Spitze des runden Metallpfostens unsicher im Gleichgewicht und sprang. Schwede hatte die Aufsprungstelle sorgfältig gewählt und landete genau zwischen zwei der hohen Schierlingstannen; im Nu war er durch die Baumhecke verschwunden. Der große Schäferhund spürte, daß irgend etwas passierte, und wußte nicht, wie er sich verhalten sollte. Er ließ ein drohendes Knurren hören, rührte sich jedoch nicht vom Fleck.

Neil verlor keine Zeit. Er kletterte die Leiter hoch, setzte kurz einen Fuß auf den Pfosten und stieß sich ab. Unglücklicherweise rutschte ihm der Fuß etwas weg, und er sprang zu kurz, strauchelte und fiel zwischen Zaun und Hecke zu Boden. Wie ein Blitz kam der Schäferhund angeschossen. Neil rappelte sich auf, warf einen raschen Blick auf den Hund und hechtete zwischen die Schierlingstannen. Die Nadeln zerkratzten ihm Gesicht und Arme, aber was bedeutete das schon, verglichen mit dem, was passiert wäre, wenn der Hund ihn zu fassen bekommen hätte.

»Schnell, die Leiter zurück!« rief das Mädchen. »Wenn Mrs. Leach sie findet, behält sie sie, und was noch schlimmer ist, sie kommt dann zu meinen Eltern 'rüber und beschwert sich.«

Zum Glück ragte die Leiter hoch genug über den Zaun, daß sie sie mit Hilfe des Seiles hochziehen konnten, bis sie hinüberkippte. Eine Minute später war sie geborgen.

Jetzt erst hatten Neil und Schwede Gelegenheit, sich ihre Retterin anzusehen. Sie war ein großes, schlankes Mädchen, kaum kleiner als Neil, mit dunklem Haar, das aus dem kleinen, runden Gesicht straff zurückgekämmt und zu einem Zopf zusammengebunden war. Ihre Augen hinter riesigen, schwarzumrandeten Brillengläsern hatten einen vergnügten Ausdruck.

»Vielen, vielen Dank!« sagte Neil und rieb sich den Sand von den Knien. Plötzlich hörte er ein Geräusch und sah durch die Hecke, wie ein hellbrauner Corvair, gefolgt von einem Polizeiauto, in die Auffahrt zum Nachbarhaus einbog. »Mann, Schwede, das war aber die allerhöchste Zeit! Gibt es hier irgendeinen Winkel, wo wir uns unsichtbar machen können?«

»Kommt mit 'rein ins Haus«, lud das Mädchen sie ein.

Sie trugen die Leiter in die Garage zurück und folgten

ihrer neuen Freundin ins Haus. »Ich heiße Myrtle Cavanaugh«, stellte sie sich vor, »und ihr?«

Drinnen lernten sie Myrtles Mutter kennen, die in einem Rollstuhl im Wohnzimmer saß. Mrs. Cavanaugh war eine blasse, aber sehr sympathisch aussehende Frau; ihrem abgezehrten Gesicht merkte man deutlich an, daß sie längere Zeit im Krankenhaus gewesen war. Dann zog sich Myrtle mit den beiden Jungen in die Küche zurück, wo sie drei Cola-Flaschen aus dem Eisschrank nahm.

»Wie lange wohnt ihr schon hier?« fragte Neil.

»Dad lebt bereits seit anderthalb Jahren in diesem Haus«, antwortete Myrtle. »Früher haben wir in Summit gewohnt, und ich blieb bis zum Ende des Schuljahres noch dort. Dann kam Mom im letzten Sommer ins Krankenhaus und hat dort fast ein ganzes Jahr gelegen. Deshalb schickte Dad mich auf ein Internat und hauste allein hier. Eigentlich fängt unser gemeinsames Leben hier erst jetzt an.«

»Hast du vor, in Belleville zur Schule zu gehen?« erkundigte sich Schwede.

»Ja, im neuen Schuljahr«, erwiderte Myrtle. »Ich komme in die vierte Klasse.«

»Wir sind in der fünften«, sagte Schwede. »Es ist eine gute Schule, sie wird dir gefallen.«

»Wie kommt ihr eigentlich in das Schwimmbecken von den Leachs?« wollte Myrtle wissen. »Ich hörte euch da herumplantschen und dachte, das kann doch nicht wahr sein. Ich frage nur, weil sie nämlich beide richtige alte Ekel sind.«

»Das ist so: Mein Vater baut eine Straße weiter zwei Häuser«, antwortete Schwede. »Durch ihn wußte ich, daß es hier einen gelben Ziegelbungalow gibt, dessen Swimmingpool am Wochenende mit Wasser gefüllt worden ist, und daß die Leute, denen das Haus gehört, erst in einem Monat einziehen.«

Myrtle grinste. »Es gibt noch einen anderen gelben Ziegelbungalow mit Swimmingpool. Wem der gehört, weiß ich nicht, aber ihr habt Pech gehabt, daß ihr euch ausgerechnet den von den Leachs ausgesucht habt. Gerade am letzten Samstag ist nebenan ein großer Möbelwagen vorgefahren. Ob sie nun schon mit allen ihren Sachen eingezogen sind, kann ich nicht sagen. Aber das Haus war noch nicht fertig, da haben sie bereits jeden angefaucht, der ihnen in die Quere kam. Wenn jemand nur den Fuß auf ihren Grund und Boden zu setzen wagt, gehen sie schon in die Luft.«

»Eigentlich waren wir einer Geldfälscherbande auf der Spur«, verriet Neil. »Wir haben uns nur zwischendurch schnell mal 'n paar Züge Schwimmen gegönnt.«

»Geldfälscher?« fragte Myrtle ungläubig. »Habt ihr gedacht, ihr findet die da unten — im Swimmingpool?«

»Das nicht gerade«, sagte Neil. »Obwohl ich mich beim Schwimmen natürlich auch da unten umgesehen habe. Aber Scherz beiseite, wir, das heißt Schwede und ich, haben eine Detektiv-Agentur, wir haben sogar schon einige Fälle gelöst.«

»Stimmt, ich entsinne mich, ich hab' im letzten Jahr mal was über euch gelesen. Dad schickte mir den Ausschnitt aus der Belleviller Zeitung, die Überschrift lautete: ›Zwei Jungen als Detektive‹. Vielleicht schreiben sie jetzt über mich auch einen Artikel: ›Mädchen rettet Privatdetektive vor bissigem Hund‹!«

»Und bissiger Frau!« setzte Neil hinzu.

»Na, wir sind ja noch mal davongekommen — und die Blue Jeans sind schnell wieder trocken«, sagte Schwede grinsend. »Besser naß als zerrissen! Mal sehen, ich hab' doch da was in der Tasche.« Er angelte nach irgend etwas in seiner rechten Hosentasche. »Sammelst du Briefmarken?« fragte er Myrtle.

»O ja, US-Marken«, war die prompte Antwort, »warum fragst du?«

»Dann nimm dies bitte von uns an, als ein kleines Zeichen unserer Dankbarkeit«, sagte Schwede mit einer leichten Verbeugung und überreichte Myrtle den Cellophanbeutel. »Wir haben sie von einem Mann bekommen, dem wir beim Radwechsel halfen. Ob sie wertvoll sind, weiß ich allerdings nicht.«

»Oh, danke schön«, rief Myrtle und nahm das Päckchen. Sie öffnete es, schüttete die Briefmarken auf den Tisch und untersuchte sie kritisch. »Es sind verschiedene darunter, die ich noch nicht habe. Aber das ist ja 'n ganzer Haufen, wollt ihr mir die wirklich alle schenken?«

»Klar«, erwiderte Schwede, »Neil und ich verstehen nichts von Briefmarken.«

Sie tranken ihr Cola aus, und Myrtle ging vor die Tür, um nachzusehen, ob der Polizeiwagen noch dastand. Beide Autos, auch das von Mrs. Leach, waren fort, so daß die Jungen fanden, die Luft sei rein, um ihre Fahrräder zu holen.

»Ich nehme an, ihr habt ordentlich gefeiert, als deine Mutter aus dem Krankenhaus entlassen wurde?« fragte Neil, als sie gerade losfahren wollten.

»O ja«, antwortete Myrtle, »es war wenige Tage nach ihrem Geburtstag, so haben wir beides zusammen gefeiert.«

»Und hat der Kuchen geschmeckt?« erkundigte sich Schwede mit Unschuldsmiene.

»Woher wißt ihr, daß es einen Kuchen gab?« wollte Myrtle wissen. Die Frage machte sie mißtrauisch.

»Och, nur so, weil es doch zum Geburtstag immer Kuchen gibt«, erwiderte Schwede mit einem gleichgültigen Achselzucken.

»Er war erstklassig. Aber wieso fragst du so interessiert danach?«

»Backen ist eins von meinen Hobbys«, log Schwede mit todernstem Gesicht. »Meine Theorie ist, daß man einen

Kuchen, wenn er gut werden soll, vor allem genau im richtigen Moment aus dem Ofen nehmen muß. Es gibt nichts Schlimmeres als einen Kuchen, der zu lange oder zu kurz im Ofen war.«

»Ganz meine Meinung«, beeilte sich Neil zuzustimmen.

»Irgend etwas stimmt hier nicht, ich weiß bloß noch nicht, was«, sagte Myrtle. Ihr war ein Verdacht gekommen.

Die beiden grinsten geheimnisvoll und fuhren ab. Es war noch früh, und Hunderte von prachtvollen Fischen warteten nur darauf anzubeißen. Es war ein Glück, daß sie ihr Angelgerät und etwas Proviant mithatten. Sie hatten ein erfrischendes Bad genossen, eine aufregende Flucht erlebt und eine neue Freundin gewonnen — der Tag war bisher nicht übel verlaufen.

Am Samstagmorgen um neun klingelte bei den Lamberts das Telefon. Eileen ging an den Apparat.

»Neil! Telefon!« rief sie in den Garten hinaus, wo ihr Bruder gerade den Rasen mähte.

»Wer ist dran?« fragte Neil und rannte ins Haus.

»Keine Ahnung«, gab Eileen zurück, »irgendein Mädchen, ich kenn' ihre Stimme nicht. Hast du eine neue Freundin?«

»Ich habe Dutzende von Freundinnen, die mich pausenlos anrufen«, erklärte Neil großartig.

»Dann nenn mir mal eine!« stichelte Eileen.

Es war Myrtle, die anrief. »Als ihr beiden neulich hier wart, hinter was für Fälschern wart ihr da her?« fragte sie. »Was sollten die noch gefälscht haben?«

»Papiergeld natürlich. Zwanzigdollarnoten«, antwortete Neil. »Was für Falschdrucker gibt es denn sonst noch?«

»Es gibt Leute, die fälschen Silber- und Goldmünzen, Wechsel, Urkunden, alles mögliche, und natürlich auch Briefmarken. Das ist der Grund, weshalb ich anrufe.«

»Wie meinst du das?«

»Ich meine die Briefmarken, die ihr mir geschenkt habt, du erinnerst dich doch?«

»Ja, natürlich, ist was mit ihnen?« fragte Neil ungeduldig.

»Also, ich glaube, sie sind gefälscht«, sagte Myrtle.

»Du willst mich zum Narren halten«, protestierte Neil.

»Nein, wirklich, mein Ehrenwort«, versicherte Myrtle. »Ich hab' sie sorgfältig mit der Lupe untersucht. Einige von ihnen sind Dubletten von Exemplaren, die ich schon hatte, und die sind anders als die Originale. Meiner Meinung nach handelt es sich eindeutig um Fälschungen.«

»Aber welches Interesse sollte jemand daran haben, eine Briefmarke zu fälschen, die schließlich bloß ein paar Cents wert ist, wenn er genauso gut eine Zwanzigdollarnote herstellen könnte?« fragte Neil ungläubig.

»Das mußt du dich selber fragen, schließlich bist du Detektiv, nicht ich«, entgegnete Myrtle. »Ich kann nur sagen, diese Briefmarken sind gefälscht. Kommt her, und ich beweise euch meine Behauptung.«

»In Ordnung. Wenn ich Schwede erreichen kann, kommen wir gleich zu dir raus.«

Neil rief Schwede an und berichtete ihm von Myrtles Entdeckung. Sie machten einen Treffpunkt am Stadtrand aus, und Neil verließ das Haus, um sein Fahrrad zu holen. Eileen lag im Garten in der Hängematte, aber offensichtlich war sie bis eben noch im Haus gewesen und hatte das Telefongespräch bis zu Ende mitangehört.

»Also Myrtle heißt sie«, fing sie an. »Und wie weiter?«

»Das geht dich nichts an, Fräulein Naseweis«, sagte Neil von oben herab. »Ein Mann muß seine Geheimnisse haben dürfen.«

»Was für ein alberner Name!« rächte sich Eileen. »Sich vorzustellen, daß man Myrtle heißen könnte! Wetten, daß ich dir genau beschreiben kann, wie sie aussieht?«

»Na, dann schieß mal los.«

»Also, sie ist dick, hat dünne Flachshaare, die ihr bis auf die Schultern 'runterhängen, zwei Goldzähne vorn und kichert in einem fort.«

»Fabelhaft, wie du das getroffen hast!« Neil wußte, daß er seine Schwester so am meisten ärgern konnte.

»So sag mir doch schon, wie sie mit Nachnamen heißt«, bettelte Eileen, als Neil sich auf sein Fahrrad schwang. »Oder wenigstens, wo sie wohnt.«

»Nein«, sagte Neil, »du würdest sonst womöglich hingehen und ihr die Goldzähne klauen.«

»Du bist ein Ekel von Bruder!« rief Eileen ihm wütend nach, als er abfuhr. »Ich spüre doch, du und Schwede, ihr habt wieder mal ein Geheimnis. Diese Myrtle weiß alles darüber, und mir wollt ihr nichts sagen!«

»Sie heißt Myrtle Holmes«, rief Neil zurück, »und ist die Enkelin von Sherlock Holmes.«

Eine halbe Stunde später waren Neil und Schwede bei den Cavanaughs. Sie sagten Mrs. Cavanaugh flüchtig guten Tag und gingen dann in Mr. Cavanaughs Arbeitszimmer, wo Myrtle die Briefmarken schon auf dem Schreibtisch ihres Vaters ausgebreitet hatte.

»Zuerst muß ich euch erklären, daß ich US-Postbriefmarken mit Darstellungen von Vögeln und anderen Tieren, Blumen und Bäumen sammle, also Motive aus dem Tier- und Pflanzenreich.«

»Da dürftest du nicht allzu viele zusammenkriegen«, meinte Schwede.

»Was! Nicht viele?« Myrtle zeigte beleidigt auf drei dicke Alben. »Mein Vater sagt, ich hätte mir ein viel zu großes Gebiet ausgesucht, ich müßte mich auf Vögel oder Blumen oder sonst ein spezielles Thema beschränken.«

»Du sagtest eben, US-Postbriefmarken«, wunderte sich Neil. »Gibt es denn noch andere US-Marken?«

»Oh, manche Leute sammeln Zoll- oder Dienstmarken,

zum Beispiel auf Zigarettenschachteln, Urkunden und so weiter«, erklärte Myrtle. »Ich sammle nur Briefmarken, und zwar nur solche, die was aus der Natur darstellen, und ich sammle nur ungestempelte. Ich hab' zwar auch ein paar gestempelte, weil ich sie anders nicht kriegen konnte, aber ich hoffe, ich kann sie eines Tages austauschen.«

Neil nahm eines der Alben in die Hand. Die Marken, die es enthielt, staffelten sich im Wert von zwei bis zu fünfzig Cents.

»Donnerwetter! In so 'ner Sammlung steckt 'ne schöne Stange Geld, was?« staunte er.

»Wenn man sie kauft, sobald sie neu herauskommen, ist kein Verlust dabei: Man kann sie jederzeit zum gleichen Wert wieder verkaufen«, erklärte Myrtle. »Und außerdem kann man sie ja für seine Briefe benutzen.«

»Das heißt, eine Briefmarke wird niemals ungültig?« fragte Schwede.

»Nein, jedenfalls nicht in den Vereinigten Staaten seit 1861«, erwiderte Myrtle. »Praktisch jede Marke aus diesem Album könnte ich zum Frankieren verwenden, einige sind inzwischen allerdings viel mehr wert. Aber zur Sache: Ich sah mir also euer Paket auf die Marken hin durch, die ich für meine Sammlung brauchen könnte; die übrigen wollte ich eintauschen. Ich hab' drei oder vier hier rausgelegt, damit ihr sie euch mal anseht. Die auf der linken Seite stammen aus meiner Sammlung, die auf der rechten aus eurem Paket. Die linken sind echt, das weiß ich genau, weil ich sie selbst auf dem Postamt gekauft habe.«

Neil nahm die oberste Marke in die Hand. Sie zeigte auf braunem Hintergrund ein Küken. Der Aufdruck lautete: ›1848—1948 Hundert Jahre amerikanische Geflügelzucht‹.

»Warst du 1948 nicht noch ein bißchen zu klein zum Briefmarkenkaufen?« grinste Neil.

»Richtig, die hat Dad gekauft«, gab Myrtle zu. »Um ehrlich zu sein, viele hat *er* gekauft, ich hab' die Sammlung nämlich von ihm geerbt. Übrigens eignet sich diese Marke gut zum Vergleich. Guck dir mal den Federflaum um die Füße an bei diesem Küken!« Sie reichte Neil die Lupe. »Siehst du, wie hier die Federn die Beine ganz 'runtergehen bis zu den Füßen? Und jetzt vergleich mal damit die Marke aus eurem Paket. Fast als hätte der Graveur bei den Kükenfüßen die Lust verloren. Er hat nur halb so viele Federn angebracht.«

»Tatsächlich, da ist ein Unterschied«, räumte Neil nach genauem Hinsehen ein. »Hier, Schwede, guck dir das bloß mal an!«

Schwede beugte sich über die beiden Briefmarken und schüttelte verwundert den Kopf.

»Und jetzt seht mal diese hier«, sagte Myrtle und zeigte auf zwei blaugrüne Marken mit der Aufschrift ›1912 — Arizona — 1962‹. »Schaut euch mal das rote Innere der Blumen an.«

Neil kam Myrtles Aufforderung nach und mußte zugeben, daß sie recht hatte. Die eine Marke war irgendwie verdruckt, der rote Farbfleck saß etwas tiefer als bei der anderen.

»Man könnte es sich als eine Nachlässigkeit beim Druck erklären«, erläuterte sie. »Ich verstehe nicht allzuviel davon, aber nach dem, was ich in der Schule darüber gelernt habe, wird jede Farbe für sich gedruckt, und es kommt besonders darauf an, daß sie sich nicht überlagern.«

» ›Auf Passer bringen‹ heißt das in der Fachsprache«, erklärte Schwede, während er sich ebenfalls die Briefmarke ansah. »Diese zweite Marke ist nicht auf Passer.«

»Die Post würde jedenfalls solche Marken nicht herausbringen«, pflichtete Myrtle ihm bei. »Außerdem, guckt euch mal die Wolken um den Mond herum an! Sie sind nicht so wie auf der andern Marke!«

Sie verglichen unter der Lupe noch drei weitere Exemplare mit ihren Gegenstücken. Das erste war aus einer Serie zur Erhaltung des Waldes, eine Viercentmarke mit einer hohen Kiefer im Vordergrund und zwei Rehen sowie einem gelben Baum im Hintergrund. Das zweite Exemplar war eine Fünfcentmarke zum Gedenken an John Muir, den Vorkämpfer des Naturschutzgedankens; neben einem weißhaarigen Männerkopf waren einige der hohen Mammutbäume abgebildet, zu deren Erhaltung er beigetragen hatte. Die dritte Marke schließlich war eine Zwanzigcent-Luftpostmarke zu Ehren des Zoologen Audubon und zeigte zwei blaugraue, langschwänzige Eichelhäher auf einem Baumast. Bei allen drei Briefmarken wies Myrtle die Jungen auf Verschiedenheiten zwischen den Originalen und den aus dem Cellophanbeutel stammenden Marken hin.

»Kein Zweifel, sie sehen ungleich aus«, gab Neil zu. »Aber es will mir nicht in den Kopf, daß jemand sich diese ganze Mühe machen sollte, unechte Briefmarken zu drukken. Ich hab' mal 'n bißchen was übers Fälschen gelesen: Um eine falsche Banknote zu drucken — und das gilt für Briefmarken sicher genauso —, muß man zunächst die Druckplatten herstellen, was eine Menge Arbeit erfordert. Und einige dieser Marken müssen wegen der verschiedenen Farben dreimal durch die Druckerpresse. Ein bißchen viel Aufwand, finde ich, für eine Briefmarke, die vielleicht nicht mal zwanzig Cents wert ist.«

»Was kann man mit einer Zwanzigcentmarke schon groß anfangen?« setzte Schwede hinzu. »Meiner Meinung nach doch nur eine Postsendung frankieren, und wer hat schon so viel zu frankieren?«

»Ihr vergeßt die Briefmarkensammler«, ließ sich eine Stimme hinter ihnen vernehmen. Überrascht fuhren sie herum. In der Tür stand Mr. Cavanaugh. Myrtle machte die Jungen mit ihrem Vater bekannt.

»Die Briefmarkensammler, das ist des Rätsels Lösung«, wiederholte Mr. Cavanaugh. »Dieses Paket Briefmarken, das ihr Myrtle geschenkt habt, hätte beim Händler wahrscheinlich sieben Dollar fünfzig gekostet. Nehmt mal an, ihr würdet mit Briefmarken handeln und die Briefmarkengeschäfte überall in den Vereinigten Staaten mit Päckchen wie diesem hier beliefern. Ihr würdet 'ne ganze Menge loswerden, meint ihr nicht? In gewisser Hinsicht wäre es eine einfachere Sache, als Zwanzigdollarnoten zu drucken.«

»Das leuchtet mir ein«, sagte Schwede, »und wahrscheinlich ist das nicht einmal illegal.«

»Aber natürlich ist es das!« korrigierte ihn Mr. Cavanaugh. »Selbst wenn man den Staat nicht direkt schädigt, indem man sie zum Frankieren von Post benutzt. Immerhin, solange jemand sich auf das Fälschen von kleinen und nicht allzu seltenen Briefmarken beschränkt, wird sich vermutlich niemand daran stoßen.«

»Außer Myrtle«, setzte Neil hinzu.

»Myrtle wendet ihren Briefmarken auch etwas mehr Aufmerksamkeit zu als andere Leute«, sagte Mr. Cavanaugh lachend. »Tatsächlich paßt sie viel schärfer auf als ich. Trotzdem war es eher ein Zufall, daß ihr die Unterschiede auffielen. Sie hatte gestern den ganzen Abend nichts zu tun und reichlich Zeit, sie sich genau anzusehen.«

»Hat es denn überhaupt jemals Briefmarkenfälscher gegeben?« fragte Schwede zweifelnd.

»Und ob, sogar eine ganze Menge«, antwortete Mr. Cavanaugh, ohne sich zu besinnen. »Kurz vor der Jahrhundertwende gab es einen Mann, der fälschte Tabaksteuermarken für Zigarren, und 1895 existierte ein ganzer Gangsterring, der Millionen von Zweicentbriefmarken druckte und zu einem ermäßigten Preis an Großversandhäuser zu verkaufen versuchte. Aber der bekannteste Briefmarkenfälscher war ein Italiener namens Sperati. Er zog nach Frankreich und verdiente mit dem Fälschen von sehr seltenen und hoch im Kurs stehenden Marken ein Vermögen. Ich erinnere mich, daß ich mal einen ausführlichen Artikel über ihn im ›Briefmarken-Journal‹ gelesen habe. Lange Zeit hielt er alle Welt damit zum Narren, daß er ein Papier benutzte, das demjenigen, auf dem die ganz frühen Briefmarken gedruckt sind, zum Verwechseln ähnlich war. Wie sich später herausstellte, hatte er einfach alte Briefmarken von geringem Wert genommen, die Farben ausgebleicht und seine Fälschungen daraufgedruckt.«

»Hat man den Mann gefaßt?« wollte Schwede wissen.

»Ja, ich glaube, man stellte ihn vor Gericht, aber er kam mit einer Geldstrafe oder Gefängnis mit Bewährung davon«, antwortete Mr. Cavanaugh. »Schließlich taten sich die Briefmarkenhändler in England zusammen und kauften den Mann aus. Sie erwarben seinen ganzen Vorrat an gefälschten Marken, und er versprach dafür, künftig die Hände von Briefmarken zu lassen. Dieser Sperati war ein solcher Meister in seinem Fach, daß er den ganzen Briefmarkenmarkt durcheinanderbrachte. Niemand, der ein seltenes Stück besaß, konnte sicher sein, ob es sich nicht um eine Fälschung handelte.«

»Und *diese* Marken — halten Sie die für Fälschungen?« fragte Neil und zeigte auf die zweite Reihe auf dem Tisch.

»Nun, ich hab' sie mir zusammen mit Myrtle angesehen, und tatsächlich scheint mir etwas nicht geheuer zu sein mit ihnen. Wo habt ihr sie eigentlich her?«

»Das war so: Wir fuhren mit dem Rad den Highway entlang in Richtung Stadt und kamen an einem alten, kaputten Lieferwagen vorbei, der eine Panne hatte«, erzählte Neil. »Wir hielten an und halfen dem Fahrer beim Radwechseln, zum Dank nahm er uns in die Stadt mit und schenkte uns die Briefmarken. Er sagte, sein Neffe sei in der Briefmarkenbranche.«

»Immerhin, dieser Neffe könnte die Marken auch woanders her haben, es gibt tausend Möglichkeiten«, meinte Mr. Cavanaugh. »Und natürlich kann ich mich auch irren. Ich habe einen Freund in Boston, der ein großer Briefmarkenfachmann ist. Sein Urteil wird oft eingeholt, wenn es darum geht, die Echtheit einer wertvollen oder seltenen Marke nachzuprüfen. Wenn ich das nächste Mal nach Boston fahre, werde ich eure Marken mitnehmen und sie ihm vorlegen.«

Der Unbekannte mit dem Fernglas

Neil und Schwede blieben noch eine halbe Stunde bei den Cavanaughs und verabschiedeten sich dann, da es schon auf Mittag zuging. Als sie an den Highway kamen, hielten sie an, unschlüssig, welche Richtung sie einschlagen sollten.

»Je mehr ich darüber nachdenke, desto klarer wird mir, welche Möglichkeiten im Briefmarkenfälschen liegen«, sagte Neil sinnend. »Ich glaube zum Beispiel nicht, daß man sich den Secret Service damit auf den Hals zieht, der interessiert sich wahrscheinlich nur für Geldfälscher.«

»Ja, aber ich möchte wetten, daß die Post eigene Beamte oder Hausdetektive dafür hat«, gab Schwede zu bedenken.

»Vielleicht, aber wieviel Menschen würden sich schon über eine gefälschte Sechscentmarke aufregen?« meinte Neil. »Sie kleben sie auf den nächsten besten Brief und machen sich weiter keine Gedanken. Wenn dir dagegen einer eine falsche Zwanzigdollarnote andreht, ist das schon ärgerlicher — nämlich ein Verlust von zwanzig Dollar.«

»Und noch etwas: Wenn man überall im Land regelmäßig die Händler belieferte, hätte man einen sicheren Markt«, erwärmte sich Schwede für Neils Gedankengang. »Wenn ich nicht so einen Hunger hätte, würde ich sagen, wir machen uns zur Apple Creek Road auf und schauen uns mal bei Mr. Delmonico um.«

»Du denkst doch wohl nicht im Ernst, daß Mr. Delmonico ein Fälscher ist?« fragte Neil. »Der kann ja nicht mal richtig einen Reifen wechseln. Er würde bestimmt so herumpfuschen, daß man ihn nach fünf Minuten geschnappt hätte!«

»Ich sage ja auch nicht, daß *er* ein Fälscher ist. Aber vielleicht sein Neffe. Wenn wir Glück haben, treibt er sich gerade da herum.«

»Bis zu Mr. Delmonico sind es mindestens neun Kilometer von hier!«

»Weiß ich«, bestätigte Schwede. »Aber wenn wir links abbiegen, wo der Highway die Dreiundzwanzig kreuzt, haben wir bloß noch zweihundert Meter bis zu dem neuen Imbißstand. Dort können wir ein belegtes Brötchen bekommen. Es soll da prima heiße Würstchen geben, hab' ich gehört.«

»Also los«, gab Neil nach.

Eine Dreiviertelstunde später hatten sie ihren schlimmsten Hunger gestillt und die Apple Creek Road ausfindig gemacht. Langsam die Straße hinunterfahrend, lasen sie die Namen auf den Briefkästen. Beim ersten Farmhaus, an dem keiner stand, gingen sie auf den Hof und fragten. Eine ältere Frau saß unter einem Sonnenschirm vor dem Haus, ein Buch in der Hand und ein Glas eisgekühlten Tee neben sich.

»Joe Delmonico wohnt ziemlich am anderen Ende der Straße«, gab sie den Jungen Auskunft. »Die Apple Creek Road ist vier Kilometer lang, ihr seid genau am verkehrten Ende.«

Neil konnte einen Seufzer der Enttäuschung nicht unterdrücken. Es war ein heißer Tag, und vier Kilometer kamen ihm endlos lang vor. »Woran erkennen wir das Haus denn?«

»Also paßt auf: Die Apple Creek Road endet an der Pleasant Valley Road«, erklärte die Frau. »Ungefähr vierhundert Meter vorher kreuzt sie eine viel breitere Straße, einen Distrikts-Highway, glaub' ich, ihr merkt es schon daran, daß der Verkehr viel stärker ist. Das zweite Haus auf der rechten Seite nach dieser Kreuzung ist das von Mr. Delmonico.«

Die Apple Creek Road war zwar kurvenreich, dafür aber in gutem Zustand und angenehm zu fahren. Bis sie an den Highway kamen, von dem die Frau gesprochen hatte, begegneten sie kaum einem Auto. Mit Hilfe der klaren Beschreibung hatten sie das kleine weiße Häuschen mit dem sauber gehaltenen Garten davor bald gefunden. Der Briefkasten an der Eingangspforte trug in schwarzen Buchstaben den Namen J. DELMONICO. Das Haus war fast ganz von Wald umgeben. Zur Straße hin lag ein Gemüsegarten, auf dem Hof stand noch ein Nebengebäude, und dahinter erstreckte sich so etwas wie eine winzige Wiese mit ein paar alten Apfelbäumen darauf. Weit und breit war kein anderes Haus zu sehen.

»Der hat sich wahrhaftig ein einsames Plätzchen ausgesucht!« bemerkte Schwede. »Da könnte er sogar vor der Haustür sitzen und Briefmarken fälschen, ohne daß es jemand sehen würde.«

Von Mr. Delmonico und seinem Lieferwagen war keine Spur zu sehen. Sie gingen auf den Hof und klopften an die Tür, aber es kam keine Antwort.

»Los, wir fahren ein Stück die Straße hinunter und kommen dann nochmal wieder«, schlug Neil vor.

Beim Weiterfahren entdeckten sie, daß Mr. Delmonicos Haus doch nicht so einsam war. In Wirklichkeit war es nur durch einen schmalen Waldstreifen von einem viel größeren Haus getrennt, das mehrere Nebengebäude hatte und offenbar ein landwirtschaftlicher Betrieb war. Auf einer zur Straße hin gelegenen Wiese grasten Schafe, weiter hinten standen auf einer zweiten Weide fünfzehn bis zwanzig Kühe. Der Name auf dem Briefkasten lautete C. MELLHOP.

Ein kurzes Stück hinter Mr. Mellhops Farm kamen sie

an eine kleine Brücke. Sie war anscheinend vor kurzem erneuert worden, denn am Straßenrand lagen noch mehrere Wegbarrieren und gelbe Schilder mit der Aufschrift ›Umleitung — Straße gesperrt‹.

Neil und Schwede hielten an, um einen Blick auf den Bach zu werfen, der unter der Brücke floß. Er war immerhin so groß, daß es in ihm Forellen geben konnte.

»An dem sind wir noch nie gewesen«, sagte Neil. »Zu dumm, daß wir unser Angelgerät nicht mithaben.«

Wie die Frau ihnen gesagt hatte, endete die Straße bald darauf an einer Querstraße. Sie drehten um und fuhren den Weg, den sie gekommen waren, zurück. Als sie an dem Waldstreifen zwischen der Mellhopschen Farm und Mr. Delmonicos Haus vorbeikamen, hielt Schwede plötzlich an.

»He, guck mal da!« sagte er und zeigte zu den Bäumen hinüber. Am Ende eines schmalen, halb zugewachsenen Weges, der in das Waldstück führte, stand, von der Straße aus kaum zu sehen, ein hellbraunes Auto.

»War das schon da, als wir vorhin hier vorbeikamen?« fragte Schwede.

»Ich hab's nicht gesehen, aber wir haben auch nicht so darauf geachtet«, antwortete Neil.

»Wieso parkt jemand seinen Wagen ausgerechnet dort? Wenn er angeln gehen wollte, würde er ihn bestimmt näher an der Brücke abstellen.«

»Vielleicht gibt es einen Abkürzungsweg durch den Wald direkt zum Bach«, meinte Neil.

»Glaub' ich nicht«, entgegnete Schwede. »Wenn man tiefer in den Wald hineinläuft, geht's bergauf und nicht zu einem Bach hinunter.«

Die Fahrräder an der Hand führend, tasteten sie sich vorsichtig auf dem Pfad voran. Kein Mensch war zu sehen. Zweige und Gebüsch waren zu beiden Seiten des Weges, den sich der Wagen gebahnt hatte, abgeknickt. Als sie bei ihm angekommen waren, kniete Schwede nieder und faßte

64

das Auspuffrohr an, zuckte aber im gleichen Moment zurück.

»Noch ganz heiß«, sagte er, »der Wagen steht höchstens seit ein paar Minuten hier.«

»Wir sollten lieber nicht so laut sein«, mahnte Neil. Sie sahen sich um und krochen dann ein paar Meter in den Wald zurück, wo das Buschwerk sie jedem Blick entzog. Fast fünf Minuten warteten sie, aber vom Besitzer des Wagens war nichts zu hören und zu sehen.

»Vielleicht will er ’nen langen Waldspaziergang machen«, meinte Neil schließlich. »Da können wir hier alt und grau werden.«

»Die Sache scheint mir verdächtig«, brummte Schwede.

Sie kehrten zur Straße zurück, bestiegen ihre Räder und fuhren weiter. Als sie an Mr. Delmonicos Hofeinfahrt vorbeikamen, nahm Neil aus einem Augenwinkel wahr, daß sich zwischen den Bäumen hinter dem Obstgarten etwas bewegte.

»Ich glaube, ich hab’ da gerade jemand hinter den Bäumen verschwinden sehen«, sagte er zu Schwede. »Nicht hinschauen! Wir fahren weiter, als hätten wir nichts bemerkt, und schleichen uns dann von hinten heran.«

Ein paar Minuten später hatten Neil und Schwede ihre Räder versteckt und pirschten sich vorsichtig durch den Wald. So geräuschlos sie konnten, bewegten sie sich auf die Lichtung bei Mr. Delmonicos Haus zu.

»Ich weiß nicht, was es war, es bewegte sich jedenfalls hinter dem großen Apfelbaum da drüben«, flüsterte Neil.

Sie suchten den Waldrand aufmerksam mit den Augen ab, ohne etwas zu entdecken, und wollten schon aufgeben, da packte Schwede Neil aufgeregt am Arm: »Siehst du die dicke Eiche dort? Direkt hinter ihr ist ein kleinerer Baum. Nein, da — genau daneben!«

Im ersten Augenblick konnte Neil nichts erkennen. Dann aber sah er, wie sich dicht bei der Eiche etwas bewegte. Unmittelbar hinter ihr, an einen kleineren Baum gelehnt, stand ein Mann. Er hielt sein Fernglas an die Augen und schien in die Richtung von Mr. Delmonicos Obstgarten zu starren.

»Er beobachtet irgendwen oder irgendwas«, sagte Neil. »Hast du eine Ahnung, was das sein könnte?«

»Nein. Aber wir sind offenbar nicht die einzigen, die Mr. Delmonico nachspionieren.«

Fast eine Viertelstunde warteten sie geduldig in ihrem Versteck, doch der andere hatte ebensoviel Ausdauer. Augenscheinlich interessierte ihn nicht Mr. Delmonicos Haus an sich, sondern irgend etwas rechts davon. Ab und zu richtete er auch sein Fernglas in die Höhe, als gäbe es für ihn am Himmel etwas zu beobachten.

»Wonach guckt der bloß? Nach verirrten Flugzeugen?« fragte Schwede leise.

»Vielleicht hat er da oben 'nen Komplizen in einem Hubschrauber«, vermutete Neil.

Vorsichtig krochen sie näher, doch plötzlich gab der Mann seinen Beobachtungsposten auf und begann sich vom Haus zu entfernen. Er bemühte sich, beim Gehen keine Geräusche zu machen, und setzte behutsam einen Fuß vor den anderen.

»Ich bin sicher, der führt was im Schilde«, flüsterte Schwede. »Komm, wir gehen ihm nach.«

Sie folgten dem Mann langsam, immer im Schutz der Bäume, am Rande der halbkreisförmigen Lichtung entlang. So leise wie möglich auftretend, bemühten sie sich, die Entfernung zu ihm zu verringern. Der Unbekannte trug ein blaues Hemd und dunkle Hosen; es war ziemlich schwierig, ihn zwischen den Bäumen nicht aus den Augen zu verlieren. Wäre er nicht von Zeit zu Zeit stehengeblieben, um sein Fernglas anzusetzen, so hätten sie die Verfolgung trotz allem aufgeben müssen. Sein Betragen kam ihnen immer rätselhafter vor, denn er schien nur manchmal zu Mr. Del-

66

monicos Haus und öfter in andere Richtungen zu schauen.

»Ich werd' aus ihm nicht schlau«, sagte Neil. »Man sollte doch annehmen, daß einer, der Mr. Delmonicos Haus beobachtet, ein Kriminalbeamter oder so was ähnliches ist. Aber der sieht nicht wie ein Secret-Service-Mann aus.«

»Wie müßte der denn deiner Meinung nach aussehen?« fragte Schwede spöttisch.

»Keine Ahnung, außer Mr. LeBon hab' ich noch keinen gesehen.«

»Nun ja, vielleicht ist er wirklich einer«, meinte Schwede. »Nur müßte er dann eigentlich an einem Fleck stehenbleiben und sich ganz darauf konzentrieren, wer das Haus betritt oder verläßt. Und dann würde er auch nicht in einem fort mit dem Fernglas vor den Augen herumfuchteln. Dieser Kerl benimmt sich ja, als wenn er es gerade zu Weihnachten geschenkt bekommen hätte!«

Neil kam eine Idee: »Vielleicht gehört er zu den Fälschern. Die haben Angst, daß irgend jemand sie beobachten könnte, deshalb lassen sie ihn Schmiere stehen, um aufzupassen, ob sich keine Neugierigen hier herumtreiben.«

»Die Sache wird allmählich kompliziert«, sagte Schwede grinsend. »Der Secret Service überwacht also Mr. Delmonico, Mr. Delmonico den Secret Service und wir Mr. Delmonico!«

Jedesmal, wenn der Mann stehenblieb, um durch sein Glas zu schauen, verkürzten Neil und Schwede den Abstand ein wenig. Offenbar steuerte der Unbekannte die benachbarte Farm an. Als sie am Rande des Waldstreifens angekommen waren, war er schon mitten auf der Weide mit den Obstbäumen, die zur Mellhop-Farm gehörte. Von Mr. Delmonicos Haus war inzwischen nichts mehr zu sehen.

»Wenn er wirklich Mr. Delmonico überwachen soll, dann benimmt er sich reichlich komisch«, stellte Schwede fest.

»Vielleicht will er von Mr. Mellhops Haus aus telefonieren und einen Bericht durchgeben«, sagte Neil ohne viel Überzeugung.

»Na, egal, wohin er will, gleich geht's ihm jedenfalls an den Kragen!« rief Schwede plötzlich. »Guck bloß mal!«

Auf der Weide befanden sich etwa fünfundzwanzig Schafe, unter ihnen ein stattlicher Hampshire-Widder. Dieser hatte den Eindringling entdeckt und kam in drohender Haltung quer über die Wiese auf ihn zu, je näher er kam, desto schneller ging er. Der Mann mußte ihn eigentlich sehen, aber entweder hatte er keine Angst vor Widdern, oder er war sich über ihre Gefährlichkeit nicht im klaren.

»Sollen wir schreien, um ihn zu warnen?« fragte Schwede. Aber bevor sie noch weiter überlegen konnten, war es zu spät. Auf den letzten fünfzehn Metern senkte der Widder den Kopf und ging zum Angriff über. Der Mann sah das Tier erst jetzt, oder es ging ihm plötzlich auf, daß er es hier nicht mit einem friedlich-neugierigen Schaf zu tun hatte. Hilfesuchend blickte er sich um und begann dann wie um sein Leben zu laufen. Er rannte auf den nächsten Apfelbaum zu, ergriff mit einem Luftsprung einen dicken Ast und schwang sich gerade noch rechtzeitig vom Boden hoch. Wie eine Lokomotive stürmte der Widder unter ihm hindurch.

»Teufel, das ging um Haaresbreite!« sagte Neil. »Der Kerl kann rennen, das muß ich ihm lassen! Wenn wir den in unserer Hundertmeter-Staffel hätten!«

»Und ich sehe zum erstenmal, daß es unter Umständen gar nicht so verkehrt ist, wenn man einen Klimmzug kann«, setzte Schwede hinzu.

Die Jungen blieben am Rande des Waldstreifens stehen und warteten ab, was passieren würde. Obwohl der Mann für den Moment in Sicherheit war, zeigte der Widder wenig Neigung, ihn so leicht davonkommen zu lassen. Er stampfte wütend den Boden unter dem Baum und wartete,

68

daß sein Opfer herunterkäme. Schließlich beruhigte er sich einigermaßen und begann weiterzugrasen; aber alle paar Augenblicke glotzte er in den Baum hinauf, um zu sehen, ob seine Beute noch da sei.

Der Mann hatte sich höher in die Baumkrone zurückgezogen und saß jetzt auf einem starken Ast. Doch offensichtlich war seine Situation alles andere als bequem. Er machte allerhand Versuche, wieder herunterzuklettern und mit einem Fuß weiter unten Halt zu finden. Aber jedesmal hob der Widder den Kopf und stampfte von neuem auf. Schließlich gab der Mann es auf. So gut es ging, wechselte er seine Sitzstellung und begann, durch das Fernglas die umstehenden Bäume abzusuchen.

»Wonach hält er denn nun schon wieder Ausschau?« fragte Schwede.

»Nach einem Engel, der ihn aus seiner Lage befreit«, spottete Neil. »Irgendwie ist mir die ganze Sache schleierhaft. Was meinst du, wollen wir ihn da ’runterholen?«

»Und wie willst du das anstellen, bitte?« fragte Schwede skeptisch.

»Nun, erstens nehme ich an, daß wir beide schneller rennen können als dieser Hammel, und zweitens fällt so ’nem Vieh nichts so schwer, als beim Laufen plötzlich die Richtung zu ändern. Als ich zwölf war, haben wir immer bei meinem Großvater draußen den Widder geärgert. Wenn er fast an einem dran ist, macht man eine scharfe Wendung, und er rast noch so ungefähr vier, fünf Meter weiter geradeaus, bevor er die Richtung ändern kann. Außerdem gerät er ganz durcheinander, wenn er es mit zweien zu tun hat. Er weiß nicht mehr, auf wen er sich zuerst stürzen soll. Schafe sind nun mal dumme Tiere.«

»Ich hoffe, du bist deiner Sache auch wirklich sicher«, sagte Schwede. »Aber wenn du meinst, es klappt, mach’ ich mit.«

Die Jungen kletterten über den Zaun und bewegten sich

über die Wiese auf den Widder zu. Erst als sie schon die halbe Strecke bis zu dem Baum geschafft hatten, bemerkte er sie. Er hob den Kopf, sah abwechselnd zu dem Mann im Baum hinauf und dann zu den beiden Jungen hin. Neil blieb stehen und machte Schwede mit der Hand ein Zeichen, nicht weiterzugehen.

»Sobald er auf uns losgeht!« schrie er dem Mann auf dem Baum zu, »laufen Sie zum Zaun!«

»Nichts lieber als das!« rief der Mann zurück. »Aber was habt ihr beiden vor?«

»Kümmern Sie sich nicht um uns!« gab Neil zurück.

»Also, paß auf. Bis er angreift, bleiben wir dicht zusammen«, instruierte er Schwede. »Dann läufst du in die Richtung und ich in die andere, so daß der Hammel nicht weiß, gegen wen er sich wenden soll, wenn er zwei getrennte Gegner vor sich sieht. Rennt er hinter dir her, so laß ihn ruhig nah herankommen und schlag dann einen Haken, wie ich's dir gesagt habe.«

»Nun ja, *du* weißt, daß das Vieh dumm ist, aber weiß es das auch selbst?« fragte Schwede.

Sie wagten sich ein paar Schritte weiter vor, und Neil klatschte in die Hände. Der Widder kam zögernd näher, warf einen Blick zurück auf den Baum und näherte sich noch etwas. Neils Behauptung über die beschränkte Intelligenz von Schafen erwies sich als richtig. Zwischen zwei Angriffszielen wählen zu müssen, das war zuviel für den armen Kopf des Widders. Unschlüssig trottete er etwas näher an die beiden Jungen heran, bis er plötzlich den Mann auf dem Baum völlig vergaß. Aus dem Trott wurde ein Galopp und zuletzt eine wütende Attacke.

»Jetzt!« schrie Neil. Sie rannten in verschiedene Richtungen auseinander, und der Widder stürmte zwischen beiden hindurch. Er versuchte sich abzubremsen, und seine scharfkantigen Hufe wühlten sich in den Grasboden. Da es ein großes und schweres Tier war, kam es erst nach gut sechs Metern zum Stehen. Vor Wut schnaubend, drehte der Widder sich herum und stierte unentschlossen bald auf den einen, bald auf den anderen Jungen.

»Laß ihn bloß nicht lange aus den Augen!« rief Neil Schwede warnend zu. Ein schneller Blick auf den Baum überzeugte ihn, daß der Mann inzwischen seinen luftigen Sitz verlassen hatte und nach dem Zaun hinüberlief.

»Los, wir laufen um ihn herum und treffen uns in seinem Rücken!« kommandierte Neil. »Vielleicht können wir das Spielchen noch einmal machen.«

Gleichzeitig liefen beide im Halbkreis los. Der Widder stand verdattert da und konnte sich nicht entscheiden, in welcher Richtung er angreifen sollte. Schließlich machte er ein paar unentschlossene Schritte auf Neil zu.

»He! Hierher!« brüllte Schwede.

Tatsächlich wandte der Widder seine Aufmerksamkeit nun ihm zu. Mit lautem Händeklatschen, Schreien und Pfeifen brachten die Jungen das Tier dazu, daß es abwechselnd den einen und den anderen anvisierte, bis sie den Kreis geschlossen hatten und wieder zusammen waren. Das Manöver hatte sie dem rettenden Zaun ein gutes Stück nähergebracht.

»Glaubst du, wir schaffen's bis zum Zaun, wenn er das nächste Mal auf uns losgeht?« fragte Neil.

»Ich schon«, gab Schwede zurück. »Für einen guten Fußballstürmer ist das kein Problem.«

Sowie er beide Jungen zusammen sah, wußte der Widder wieder, was er zu tun hatte. Mit wachsender Wut rannte er auf sie los.

Wie das erste Mal warteten Neil und Schwede bis zum letzten Augenblick und liefen dann auseinander, und wieder stürmte der Widder zwischen ihnen hindurch. Während er noch verdutzt und ratlos dastand, rasten sie blitzschnell zum Zaun und brachten sich mit einem Sprung in Sicherheit.

»Wo ist unser Mann hin?« war Schwedes erste Frage.

»Er ist da hinten über die Wiese gelaufen«, sagte Neil. »Wohin er dann verschwunden ist, hab' ich nicht gesehen.«

Sie brauchten nicht lange auf Antwort zu warten. Vorsichtig seinen Weg zwischen den Bäumen am Rande der umzäunten Weide suchend, tauchte der Unbekannte auf. Neil und Schwede warteten, bis er sie erreicht hatte.

»Habt vielen Dank«, sagte der Mann. »Wahrscheinlich hätte ich auf dem Baum hocken können, bis die Kühe in den Stall getrieben werden — Entschuldigung, ich meine die Schafe. Ich kenne mich mit den Viechern auf einem Bauernhof nicht so aus, und dieser Bursche hat mich so erschreckt, daß ich überhaupt nichts mehr weiß.«

»Ja, mit den Biestern ist nicht zu spaßen«, erwiderte Neil. »Sie können so hart zustoßen, daß sie einem glatt das Bein brechen. Aber zum Glück haben sie keinen Funken Verstand. Zu zweit kann man's mühelos mit ihnen aufnehmen.«

»Ich heiße Jim Adler«, sagte der Mann und streckte den Jungen die Hand hin. Sie stellten sich ebenfalls vor. »Wohnt ihr beiden hier in der Nähe?« erkundigte er sich.

»Nein, wir sind aus Belleville«, antwortete Schwede.

Mr. Adler war ein schlanker, dunkelhaariger Mann und sah viel jünger aus, als sie gedacht hatten. Er hatte derbe Lederschuhe an, wie man sie für Waldwanderungen trägt. An seinem Gürtel baumelten eine wassergefüllte Feldflasche und ein kleiner Proviantbeutel aus Segeltuch, um den Hals hing das Fernglas.

Neil hatte die Erfahrung gemacht, daß man oft mit einer einfachen Frage am raschesten zum Ziel kommt. »Was beobachten Sie eigentlich dauernd damit?« fragte er, auf das Fernglas zeigend.

»Spottdrosseln«, antwortete Mr. Adler, ohne zu zögern.

»Spottdrosseln?« wiederholte Schwede verdutzt. »Und zu welchem Zweck?«

»Ich schreibe eine Doktorarbeit über das wachsende Vorkommen der Spottdrossel und die Gesetzmäßigkeiten ihrer Wanderungsbewegungen«, erklärte Mr. Adler. »Während es hier früher immer nur ein paar Einzelexemplare gab, hat ihre Zahl in den letzten Jahren schlagartig zugenommen. Genau in diesem Umkreis halten sich zufällig ziemlich viele auf, sie werden hier wenig von Menschen gestört. Ich habe eine ganze Anzahl von ihnen beringt und sehe zu, daß ich wenigstens zweimal in der Woche hier draußen bin, außerdem normalerweise am Samstag- und Sonntagmorgen.«

»Dann gilt Ihr Interesse also gar nicht Mr. Delmonicos Haus?« platzte Neil heraus.

»Was für ein Haus meinst du?« fragte Mr. Adler.

Neil wies mit dem Kopf in die Richtung.

»Mich interessiert die Spottdrossel, die auf dem obersten Ast der großen Esche im Vorgarten sitzt«, sagte Mr. Adler. »Das Haus selbst ist mir ganz gleichgültig. Wieso fragst du? Ist was Besonderes mit ihm?«

»Vielleicht«, deutete Neil dunkel an. Wenn es ihnen gelänge, Mr. Adler als Verbündeten zu gewinnen, würden sie eine Menge Zeit sparen, die sie sonst mit Beobachten zubringen müßten.

»Was meinst du mit ›vielleicht‹?« wollte Mr. Adler wissen.

Neil warf Schwede einen fragenden Blick zu. Schwede nickte zustimmend.

»Also, hören Sie zu. Vor ein paar Tagen suchte uns ein Herr vom Secret Service auf, weil wir uns in einem Drugstore mit unserer Geldmaschine einen Scherz erlaubt hatten. Das ist so ein kleiner Apparat, in den man ein Blatt Papier hineinsteckt, und es sieht dann so aus, als ob ein bedruckter Geldschein herauskäme. Kurz gesagt, der Secret-Service-Mann war Geldfälschern auf der Spur, er glaubt, daß sie ihr Hauptquartier hier irgendwo in der Umgebung von Belleville haben. Am Tage nach seinem Besuch halfen wir Mr. Delmonico bei einer Panne mit seinem alten Lieferwagen, und er schenkte uns zur Belohnung einen Beutel Briefmarken. Es hat sich herausgestellt, daß die gefälscht sind. Deshalb dachten wir, wir sollten sein Haus ein bißchen im Auge behalten, um zu sehen, wie er zu dem Zeug kommt.«

»Angeblich hat er einen Neffen, der mit Briefmarken handelt, und eigentlich ist er es, dem wir auflauern«, fügte Schwede hinzu.

»Klingt alles reichlich kompliziert«, sagte Mr. Adler mit einem Lächeln. »Da ziehe ich meine Spottdrosseln vor.«

Seine gleichbleibend freundliche Höflichkeit konnte die Jungen nicht darüber hinwegtäuschen, daß er sie nicht ganz ernst nahm. Offensichtlich hielt er die Geldfälschergeschichte für ein Produkt ihrer Phantasie. Neil und Schwede waren es gewohnt, ziemlich herablassend behandelt zu werden, wenn sie von ihrer Detektivtätigkeit sprachen. So sehr sie sich darüber auch ärgerten, es blieb ihnen nur die Hoffnung, durch den Erfolg zu beweisen, daß sie keine Angeber waren.

»Beobachten Sie hier schon lange?« erkundigte sich Neil.

»Seit etwa vier oder fünf Wochen«, war Mr. Adlers Antwort.

»Ist Ihnen in dieser Zeit irgend jemand aufgefallen, ich meine, jemand, der Mr. Delmonico besuchte?«

»Nun, ich interessiere mich nicht besonders für andere Leute, aber wenn man stundenlang hier draußen ist, kriegt man natürlich einiges mit. Euer Mr. Delmonico verbringt viel Zeit in seinem Garten, und ich muß sagen, er hat ihn tadellos in Ordnung. Ich bin in Philadelphia in einem Mietshaus aufgewachsen, und jemand, der wirklich Gemüse züchtet, das man essen kann, kommt mir wie eine Art Zauberer vor. Er hat zum Beispiel ein Riesenbeet mit wunderbaren Erdbeeren. War 'ne ganz schöne Versuchung für mich!« Mr. Adler leckte sich genießerisch die Lippen.

Erdbeeren ließen Neil ebenso kalt wie Mr. Adler Geldfälscher. Sein Vater hatte einmal ein großes Beet hinter der
Garage gehabt, und die Hauptlast des Abpflückens war
Neil zugefallen. Es war eine zum Sterben langweilige Arbeit gewesen; außerdem hatte er einen häßlichen Hautaus-
schlag bekommen, weil er zu viele gegessen hatte.

»Hat Mr. Delmonico viele Besucher?« lenkte er wieder
zum Thema zurück.

»Ich hab' nur zwei gesehen«, antwortete Mr. Adler,
»einen Mann in einem Cadillac von auffallend blauer Farbe und eine Frau in einem hellbraunen Corvair, die beide
mehrmals da waren. Gelegentlich kommt der eine oder andere Nachbar vorbei, um bei Mr. Delmonico Gemüse zu
kaufen oder auch umsonst mitzunehmen. Ach ja, da ist
noch ein Hund namens Arthur, um den er viel Wesens
macht.«

Das Gespräch mit Mr. Adler ging noch ein paar Minuten
weiter. Er versprach, ein Auge auf Mr. Delmonicos Häuschen zu haben, obwohl man ihm anmerkte, daß er die
ganze Sache für Unsinn hielt. Aber er wollte sich dafür erkenntlich zeigen, daß sie ihn aus seiner mißlichen Lage befreit hatten, und Neil und Schwede hatten das beruhigende
Gefühl, daß er wenigstens hin und wieder Mr. Delmonico
einen kurzen Blick widmen würde.

»Normalerweise bin ich Dienstag- und Mittwochnach-
mittag sowie Samstag- und Sonntagmorgen hier draußen.
Ich wohne in New Brunswick, hier habt ihr meine Adresse
und Telefonnummer.«

Mr. Adler schrieb Namen und Adresse auf ein Stück Papier und gab es Neil. Dann verabschiedete er sich von den
Jungen und verschwand tiefer in den Wald hinein. Neil
und Schwede kehrten zu der Lichtung zurück. Als sie den
Waldrand erreichten, sahen sie, daß Mr. Delmonico inzwischen nach Hause gekommen war. Der Lieferwagen stand
in der Hofeinfahrt, und Mr. Delmonico war eifrig damit

beschäftigt, am Straßenrand etwas aufzubauen; sie konnten nicht genau erkennen, was es war.

Schwede hatte eine Idee: »Laß uns einen Bogen machen und mit den Rädern am Haus vorbeifahren, als ob wir zufällig vorbeikämen.«

Mr. Delmonicos Erdbeeren und eine Umleitung

Neil und Schwede radelten gemächlich die Straße entlang und bemühten sich, den Eindruck zu erwecken, daß sie kein besonderes Ziel hätten. Mr. Delmonico war vor seinem Hause emsig dabei, einen kleinen Verkaufsstand zu errichten. Er hatte zwei Kisten ungefähr anderthalb Meter voneinander entfernt auf den Boden gestellt und darüber zwei Bretter gelegt, so daß eine Art Ladentisch entstand. Darüber spannte sich, von zwei ziemlich kümmerlich aussehenden Stangen gehalten, eine aus Säcken primitiv zusammengenähte Markise. Das Ganze machte einen armselig-wackligen Eindruck. Dagegen waren die Erdbeeren, die in ungefähr zwanzig Körbchen auf diesem Brettertisch ausgestellt waren, die prachtvollsten, die Neil und Schwede je gesehen hatten.

»Hallo, Mr. Delmonico!« sagte Schwede, als sie neben dem Stand anhielten.

Mr. Delmonico blickte überrascht von seiner Arbeit auf. Als er die beiden Jungen wiedererkannte, verzog sich sein rundes Gesicht zu einem breiten Lächeln. »Nett von euch, daß ihr mal vorbeischaut«, sagte er. In seiner Stimme schwang ehrliche Freude mit. »Wie kommt ihr denn hierher?«

»Och, wir machen nur so 'ne Tour«, log Neil. »Bißchen umsehen nach 'nem guten Angelplatz.«

»Na, da weiß ich hier einen, den ich normalerweise keinem verrate«, sagte Mr. Delmonico. »Wenn ihr die Straße noch etwas weiter runterfahrt, kommt ihr an eine Steinbrücke, die über einen Bach führt. Ein Stück den Bach hinauf, ungefähr fünfhundert Meter von der Brücke, ist ein Teich, nicht sehr groß, aber da hab' ich schon manchen guten Fisch gefangen.«

»Sie haben ja phantastische Erdbeeren!« sagte Schwede voller Bewunderung.

»Nicht wahr, sie sind gut dieses Jahr«, gab Mr. Delmonico bescheiden zu. Er ließ einen prüfenden Blick über die Auslage gleiten und nahm ein Körbchen mit besonders ausgesuchten Früchten. Er reichte es Schwede. »Da, die schenk' ich euch!«

»Oh, so hab' ich das nicht gemeint«, wehrte Schwede ab. »Ich weiß auch gar nicht, wie ich sie nach Hause bekommen soll.«

»Na, dann eßt ihr eben hier ein paar«, sagte Mr. Delmonico. »Da, die halbvolle Schachtel, die könnt ihr gern aufessen. Überhaupt, warum stellt ihr eure Räder nicht an den Zaun und leistet mir ein bißchen Gesellschaft? Ich wollte sowieso gerade reingehen und mir einen Krug Limonade machen. Hier draußen bin ich praktisch fertig, und ich hätte nichts dagegen, mich etwas hinzusetzen und zu unterhalten. Im Moment kann ich doch nichts anderes tun, als auf Kunden zu warten.«

»Sie haben noch kein Preisschild angebracht«, erinnerte Neil.

»Tatsächlich«, erwiderte Mr. Delmonico. Er griff in einen Karton neben dem Verkaufstisch und zog ein Stück Pappe hervor. Dann suchte er in der Tasche seines Hemdes und brachte schließlich einen Bleistiftstummel zum Vorschein.

»Wie teuer soll ich sie machen, was meint ihr? Fünfzig Cents?«

»Woanders kosten sie überall fünfundsechzig bis fünfundsiebzig Cents«, antwortete Neil, ohne zu überlegen. »Ich würde mindestens fünfundsechzig verlangen, zumal sie viel besser aussehen als alle, die ich sonst gesehen habe.«

Mr. Delmonico schien nicht überzeugt. »Ich weiß nicht recht«, sagte er. »Seht mal, ich bin hier an einer Seitenstraße, deshalb muß ich sie billiger anbieten, damit die Leute überhaupt den Umweg machen.«

»Warum verlegen Sie dann Ihren Stand nicht an den Highway, wo viele Wagen vorbeifahren?« schlug Neil vor.

»Früher hab' ich ihn da auch gehabt«, entgegnete Mr. Delmonico. »Hin und wieder verkaufe ich neben Erdbeeren auch Gemüse. Aber das Grundstück an der Kreuzung zu beiden Seiten des Highway gehört einem gewissen Kleinschmidt. Dieser Mann hat zwei große schwarze Hunde, die er frei laufen läßt. Sie streunten dauernd hier herum, und ich mußte sie immer wegjagen. Ich hab' nämlich ein paar Hühner hinten bei der Garage. Eines Tages nun komm' ich raus und stelle fest, daß die Köter in den Auslauf eingebrochen sind. Na, ich holte meine Schrotflinte aus dem Haus und brannte ihnen mit 'ner Ladung Entenschrot eins auf den Pelz. Obwohl sie nicht wirklich verletzt waren, mußte der Mann mit ihnen zum Tierarzt, um ihnen die ganzen Schrotkörner entfernen zu lassen. Seitdem ist er wütend auf mich und erlaubt mir nicht mehr, meinen Stand auf seinem Grund und Boden aufzubauen.«

»Hier kommen kaum Autos vorbei«, wandte Neil vorsichtig ein. »Sind es normalerweise mehr?«

»Nein, auch nicht mehr als jetzt«, antwortete Mr. Delmonico. Es schien ihm keinen Kummer zu bereiten. »Aber vielleicht erinnern sich die Leute noch vom letzten Jahr her an mich und machen den Umweg, um mich wiederzufinden.«

Schwede warf Neil einen vielsagenden Blick zu, sagte aber nichts. In den ganzen zwei Stunden, die sie jetzt hier draußen waren, hatten sie höchstens zwei oder drei Autos gesehen. Und seit sie bei Mr. Delmonico eingekehrt waren, war nicht ein einziges vorbeigekommen.

»Wenn ihr solange bei dem Stand bleibt, geh' ich hinein und mach' uns was zu trinken«, schlug Mr. Delmonico vor.

Er ging ins Haus, und Neil und Schwede machten es sich auf dem Rasen bequem.

»Komischer Kauz, findest du nicht auch?« sagte Schwede. »Aber komisch ist nicht das richtige Wort. Du verstehst schon — wenn jemand nicht kapiert, was um ihn herum gespielt wird.«

»Naiv«, schlug Neil vor.

»Genau«, bestätigte Schwede. »Wie ein Mann in seinem Alter noch naiv sein kann, begreif' ich zwar nicht, aber genau das ist er. Wie kommt es bloß, daß er dabei immer so gute Laune hat? Es muß ihm doch recht kümmerlich gehen, wenn er von dem bißchen lebt, was der Garten einbringt.«

»Keine Ahnung, aber er sollte aus seinen Erdbeeren lieber Marmelade oder sonst was machen, denn hier verfaulen sie noch, bis jemand sie kauft. Versteh' nicht, wieso er nicht 'n Stück weiter den Highway 'rauf einen Platz findet, wo er seinen Stand aufbauen kann.«

»Wenn wir es fertigkriegten, den Verkehr nur für eine Stunde durch diese Straße umzuleiten, hätten wir das ganze Zeug verkauft«, dachte Schwede laut.

»Mensch, das ist 'ne Idee!« Neil ging plötzlich ein Licht auf. »Da unten bei der Brücke liegen Umleitungsschilder!«

Schwede mußte grinsen bei dem Gedanken. »Bloß, wie kommen die Leute auf den Highway zurück?« fragte er.

»Ganz einfach. Wenn sie an die Pleasant Valley Road kommen, werden sie automatisch nach rechts abbiegen, weil die Straße schräg in sie einmündet. Und die Pleasant Valley Road führt direkt zum Highway zurück, sie brauchen nur ein Dreieck zu fahren.«

»Also los, dann machen wir's!« Schwede war plötzlich ganz Feuer und Flamme.

»Mr. Delmonico wird das wahrscheinlich nicht mögen«, gab Neil zu bedenken.

Der alte Mann erschien gleich darauf mit einer riesigen Kanne voll Limonade und drei Gläsern. Alle drei ließen sich auf dem Rasen nieder, und im Handumdrehen war die Kanne bis auf ein oder zwei Gläser geleert. Schwede tat sich an einem halben Erdbeerkörbchen gütlich, während Neil sich wohlweislich, in Erinnerung an seinen Ausschlag, mit zwei Früchten begnügte.

»Habt ihr es sehr eilig? Ihr könntet mir sonst einen Gefallen tun und hier ein Weilchen aufpassen«, sagte Mr. Delmonico. »Ich muß nämlich fünf Körbe Erdbeeren an Kunden abliefern, in fünfzehn bis zwanzig Minuten wäre ich wieder da.«

»Nein, wir haben nichts Besonderes vor«, gähnte Schwede. »Wirklich, wir brauchen nicht weiterzufahren und können von hier aus direkt nach Hause zurückkehren. Machen Sie sich um Ihren Stand keine Sorgen.«

Mr. Delmonico holte seinen Lieferwagen, hielt kurz am Verkaufstisch, um die Erdbeerkörbe aufzuladen, und fuhr dann ab.

»Falls wir alles verkauft haben, bevor Sie zurück sind — haben Sie noch mehr Erdbeeren?« rief Neil dem Davonfahrenden nach.

»Ja, am Hintereingang stehen noch ungefähr zwölf Körbchen voll!« schrie Mr. Delmonico zurück.

»Los, komm«, sagte Schwede, sowie Mr. Delmonico verschwunden war. »Wir können beide gehen, es kommt sowieso kein Auto vorbei.«

Die Jungen liefen rasch zur Brücke und suchten sich aus dem Haufen zwei sägebockartige Gestelle, eine lange gelbe Planke und das Schild ›Umleitung — Straße gesperrt‹ heraus.

»Der Pfeil zeigt in die falsche Richtung«, sagte Schwede. »Wir müssen es irgendwie andersherum drehen.«

Sie mußten sich mit ihrer Last ordentlich abschleppen. Zum Glück war es nicht weit. Zehn Minuten später hatten sie die Schilder am Highway aufgebaut. Sie achteten sorgfältig darauf, die Fahrbahn nicht unnötig zu versperren, und stellten das Umleitungsschild zur Hälfte auf den Grasstreifen daneben.

»Die Leute werden glauben, daß die Straße nur für den Anliegerverkehr frei ist«, meinte Schwede.

»Und was machen wir mit dem Gegenverkehr?«

»Die merken überhaupt nichts von der Umleitung, weil auf der Rückseite des Schildes nichts steht«, beruhigte ihn Schwede. »Es reicht, wenn wir den halben Verkehr umleiten, mehr brauchen wir nicht.«

Sie warteten, bis in beiden Richtungen gerade keine Autos zu sehen waren, stellten in Windeseile die Schilder auf und jagten zum Verkaufsstand zurück. Kaum hatten sie ihn erreicht, da tauchten auch schon die ersten beiden Wagen auf. Gleich darauf näherte sich ein dritter, in dem zwei Frauen saßen. Als sie den Obststand sahen, fuhren sie sofort rechts heran und hielten.

»Was für wundervolle Erdbeeren!« rief die eine Frau aus. »Was kosten die?«

»Fünfundsechzig Cents«, antwortete Schwede.

»Ich nehme vier Körbe«, entschloß sich die Frau auf der Stelle.

In weniger als fünf Minuten hatten sie zwölf Körbe verkauft.

»'ne bessere Geschäftslage könnten wir gar nicht haben«, sagte Neil ganz begeistert. »Wir sollten hier 'ne Würstchenbude aufmachen, was meinst du?«

Der Autostrom, der an ihrem Stand vorüberfloß, riß gar nicht mehr ab. Mr. Delmonico war schon zwanzig Minuten fort, und sein Lieferwagen war noch immer nicht zu sehen.

Die Jungen kümmerte es wenig. Das Geschäft blühte. Sie hatten alle Erdbeerkörbchen auf dem Tisch verkauft und gingen nach hinten, um die übrigen zwölf zu holen.

Bei einem Kunden indessen war es ihnen doch etwas mulmig zumute. Es war ein Mann in einem Kastenwagen mit der Firmenaufschrift ›Akme-Installation‹. Er kaufte ein Körbchen Erdbeeren; als er schon auf dem Wege zu seinem Wagen war, fragte er plötzlich: »Was ist denn eigentlich mit dem Highway los?«

»Mit welchem Highway?« tat Schwede scheinheilig.

»Dem Distrikts-Highway, mein' ich. Ich bin ihn heute morgen noch langgefahren, von Bauarbeiten war da nichts zu sehen.«

»Keine Ahnung, was das Straßenbauamt vorhat«, sagte Neil, womit er nicht einmal log.

»Die Sache kommt mir irgendwie merkwürdig vor«, äußerte der Mann kopfschüttelnd. Er blickte auf den halbleeren Verkaufsstand und dann auf Neil und Schwede. Schließlich kletterte er in seinen Wagen zurück.

»Wieviele Körbe haben wir noch? Neun?« fragte Neil, als sie wieder allein waren. »Der Mann sieht mir nicht geheuer aus. Es ist vielleicht besser, einer von uns geht hin und versteckt das Schild.«

»Ich fahr' mit dem Rad«, sagte Schwede. »Paß auf, ich zähl' fünfundzwanzig Wagen ab, dann nehm' ich das Schild weg.«

Schwede blieb eine knappe Viertelstunde fort. Als er zurückkam, hatte Neil noch genau zwei Erdbeerkörbchen übrigbehalten.

»Wo hast du die Dinger gelassen?« fragte Neil.

»Sauber in den Straßengraben gelegt«, erwiderte Schwede. »Das Schild natürlich mit der Schriftseite nach unten. Das Straßenbauamt kann es sich da genausogut abholen wie an der Brücke. Im Gegenteil, wir haben ihnen noch die halbe Arbeit abgenommen.«

In den nächsten zehn Minuten kam kein einziges Auto vorbei. Dann erschien in einiger Entfernung ein ziemlich langsam fahrender weißer Wagen. Als er näher kam, sahen sie, daß es ein Streifenwagen mit einem einzelnen Polizisten am Steuer war. Der Wagen fuhr rechts heran und hielt mit laufendem Motor neben dem Verkaufsstand.

»Na, wie geht das Geschäft?« fragte der Polizist mit einem Blick auf die zwei restlichen Erdbeerkörbchen.

»Im Moment kommen gerade nicht so viele Wagen vorbei«, antwortete Schwede der Wahrheit entsprechend.

»Meiner Meinung nach ist das hier kein sehr günstiger Platz für einen Straßenverkaufsstand«, meinte der Polizist nachdenklich. »Allerdings habt ihr ja auch bloß zwei Körbchen Erdbeeren.«

»Oh, wir hatten viel mehr davon«, erwiderte Schwede, und auch das war nicht gelogen. »Mr. Delmonico hat ziemlich viele Stammkunden. Er ist gerade weg, um ihnen welche zu bringen. Wir vertreten ihn hier solange.«

»Ach so. Uns ist nämlich gemeldet worden, daß hier eine Verkehrsumleitung sei. Wißt ihr irgend etwas darüber?«

»Nein, aber ein Stück weiter die Straße hinunter ist eine neue Brücke«, brachte Neil vor. »Kann sein, daß die gesperrt ist und darum hier kein Verkehr vorbeikommt.«

»Nein, das ist es nicht. Die Brücke ist schon seit einiger Zeit wieder befahrbar«, sagte der Polizist. »Der Mann, der die Meldung bei uns erstattet hat, wußte selbst nicht recht, was das Ganze zu bedeuten hat. Er sagte nur, der Verkehr würde vom Highway weg umgeleitet.«

Noch wenige Minuten vorher war Neil der Ansicht gewesen, daß sie das Umleitungsschild zu früh entfernt hätten. Jetzt wurde ihm klar, daß es die höchste Zeit gewesen war. Er grinste. »Da kommt ein Auto«, sagte er mit einem raschen Blick die Straße hinunter, »vielleicht weiß der Fahrer etwas.«

Der Polizist sah in den Rückspiegel seines Fahrzeugs,

auch Schwede drehte sich nach dem Wagen um. Ein dunkelblau glänzender Cadillac näherte sich in schneller Fahrt. In einiger Entfernung verlangsamte er sein Tempo, als ob er anhalten wollte, gab dann aber Gas und fuhr an ihnen vorbei. Neil streckte dem Fahrer die beiden Erdbeerkörbchen entgegen, aber der Mann würdigte sie keines Blickes.

»Der erste Wagen seit zehn Minuten«, sagte Neil, sich verächtlich abwendend, »und nicht einmal angeguckt hat er die Erdbeeren.«

»Möchten Sie vielleicht ein Glas Limonade?« fragte Schwede den Polizisten. Er langte unter den Verkaufstisch und holte die Kanne mit dem restlichen Getränk hervor. Es war noch immer erfrischend kalt.

»Ich sage nicht nein«, ging der Polizist auf das Angebot ein.

Schwede füllte ihm ein Glas voll ein, das er dankbar leerte. »Eure Erdbeeren sehen wirklich vorzüglich aus«, sagte er. »Ich glaub', ich nehm' die beiden Körbchen. Wieviel sollen sie kosten?«

»Weil's die letzten sind, geben wir Ihnen einen Sonderrabatt. Fünfzig Cents jedes«, sagte Neil, ohne zu überlegen.

Der Polizist bezahlte und fuhr weiter. Neil machte das Preisschild ab und teilte sich mit Schwede in die restliche Limonade.

»Was meinst du, wir könnten den Stand doch gleich abbauen und auf den Hof bringen«, schlug Schwede vor.

Als sie mitten dabei waren, sahen sie plötzlich in geringer Entfernung ein Auto. Es war der dunkelblaue Cadillac, der gleich darauf neben ihnen bremste. Sein Kühler zeigte jetzt in die entgegengesetzte Richtung wie vorhin, zum Highway zurück. Ein Mann mit auffallend dicken Augenbrauen in einem verschlossenen, mageren Gesicht saß am Steuer. Er drückte auf einen Knopf, und leise surrend glitt das linke Seitenfenster herab.

»Was wollte der Polizist von euch?« fragte er ohne Einleitung.

Neil ließ sich von dem barschen Ton nicht aus der Ruhe bringen. »Erdbeeren«, antwortete er knapp, »er kaufte zwei Körbchen.«

»Na, dafür hat er sich aber reichlich Zeit genommen«, sagte der Mann. »Hat er euch Fragen gestellt?«

»Anscheinend hat es eine Meldung wegen einer Straßensperre irgendwo in der näheren Umgebung gegeben«, erwiderte Neil. »Er fragte uns, ob wir etwas davon wüßten.«

»Was soll das heißen, Straßensperre?« fragte der Mann ärgerlich.

»Na ja, 'ne Umleitung«, erklärte Neil.

Schwede hatte bisher schweigend daneben gestanden. Der Ton, in dem der Mann mit ihnen sprach, gefiel ihm genausowenig wie Neil. »Er hat uns nicht über Sie ausgefragt, falls Sie *das* wissen wollen«, mischte er sich ein.

Der Mann warf Schwede einen mißtrauisch prüfenden Blick zu. Offensichtlich wollte er etwas sagen, besann sich aber eines Besseren. Er schwieg einen Moment still, dann ließ er ein leises Kichern hören, das vertrauenerweckend wirken sollte, aber nicht sehr überzeugend klang.

»Ehrlich gesagt, war das meine Sorge. Ich bin ein paar Kilometer von hier ein bißchen zu schnell gefahren und sah plötzlich im Rückspiegel einen Polizeiwagen hinter mir. Ich fuhr in eine Seitenstraße und dachte, er würde geradeaus weiterfahren. Zwei oder drei Kilometer weiter glaubte ich jedoch ihn wieder hinter mir zu sehen, da bin ich dann hier abgebogen. Wahrscheinlich hab' ich mich geirrt, und der Wagen war doch *vor* mir gewesen.«

»Soweit ich weiß, war der Polizist, der mit uns sprach, hinter niemand her«, sagte Neil. »Alles, wonach er fragte, war diese Umleitung oder Straßensperre.«

»Verstehe. Er hat euch also keine Fragen gestellt, zum Beispiel, wer hier in der Nachbarschaft alles wohnt?«

»Nee«, erwiderte Neil.

»Na, dann vielen Dank«, sagte der Mann. Er legte den Gang ein, und der Wagen glitt leise die Straße hinunter.

»Was hältst du von dem?« fragte Neil.

»Ich glaub' ihm kein Wort! Der interessierte sich nur für den Polizisten, und bestimmt nicht, weil er zu schnell gefahren war.«

Sie brachten die restlichen Teile des Verkaufsstandes auf den Hof neben dem Haus. Sie waren eben damit fertig, als Mr. Delmonico mit seinem Lieferwagen zurückkam.

Verwundert schaute er auf die sauber aufgestapelten Bretter und Stangen. »Was ist passiert?« fragte er.

»Nichts. Wir haben alle Erdbeeren verkauft«, sagte Neil, als wäre es das Selbstverständlichste von der Welt. Er griff in seine Hosentasche und zählte Mr. Delmonico das Geld vor. »Wir haben alle für fünfundsechzig Cents verkauft, bis auf die beiden letzten Körbchen, die wir einem Polizisten für je fünfzig Cents gelassen haben.«

»Donnerwetter, ihr seid ja richtige Verkaufskanonen!« Mr. Delmonico strahlte über das ganze Gesicht. »So schnell sind die Erdbeeren noch nie weggegangen. Ich bin ganz platt, daß so viele Autos vorbeigekommen sein sollen!«

»Ja, auf einmal kam eins nach dem anderen, 'ne richtige Invasion«, sagte Neil. »Komisch, nicht, wie das manchmal so geht?«

»Ich hoffe, ihr seid mir nicht böse, daß ich so lange weg war«, entschuldigte sich Mr. Delmonico. »Aber als ich Mrs. Arnold ihre Erdbeeren brachte, erzählte sie mir, mit ihrer Waschmaschine sei was nicht in Ordnung; ich vermute, eine schadhafte Rohrdichtung, jedenfalls war die ganze Küche überschwemmt. Ich versuchte ihr zu helfen, aber so richtig Bescheid wußte ich auch nicht. Schließlich gelang es mir wenigstens, ein Ventil zu finden und das Wasser in der Küche abzudrehen.«

Er warf einen Blick auf das Geld, das Neil ihm ausgehändigt hatte. »Ich kann immer noch nicht glauben, daß ihr die ganzen Erdbeeren in so kurzer Zeit verkauft habt. Hätt' ich nie geschafft! Auf jeden Fall möchte ich, daß ihr einen Teil von dem Erlös behaltet.«

Weder Neil noch Schwede wollten von einer Bezahlung etwas wissen. Schließlich, nachdem Mr. Delmonico sich mindestens zum fünften Male bei ihnen bedankt hatte, stiegen sie auf ihre Räder und fuhren los.

»Schade, ich hätte zu gern gesehen, wie er die kaputte Wasserleitung repariert hat«, sagte Schwede, während sie nebeneinander die Straße hinunterradelten. »Ich möchte wetten, er geht mit Werkzeug ebenso geschickt um wie meine Mutter.«

»Also, *meine* Mutter ist nicht übel darin«, erwiderte Neil. »Ich hab' schon gesehen, wie sie elektrische Geräte reparierte.«

Sie waren an die Hauptstraße gekommen und wollten gerade in sie einbiegen, als Schwede zufällig einen Blick zurückwarf und mit einem Ruck bremste. »Mensch, ich glaube, der dunkelblaue Cadillac ist eben bei Mr. Delmonico reingefahren«, sagte er. »Irgendwas ist faul an der Sache.«

Neil stöhnte. Sie hatten noch einen weiten Weg nach Hause vor sich, aber was half's, sie waren gekommen, um eine Spur zu finden, und der Cadillac schien das einzig Verdächtige zu sein, was sie an diesem Tag gesehen hatten.

»Also gut, wir kehren um und sehen zu, ob er da wirklich verschwunden ist.«

Die Jungen brauchten nicht weit zurückzufahren. Wie Schwede gesagt hatte, stand der blaue Cadillac auf Mr. Delmonicos Hof. Es saß niemand drin, und weder der Fahrer noch Mr. Delmonico waren zu sehen.

Neil und Schwede fuhren nicht ganz bis an das Haus heran und warteten ein paar Minuten beobachtend ab.

»Ich wette, das ist der Neffe«, sagte Neil.

»Du meinst, der in der Briefmarkenbranche?«

»Soweit wir wissen, hat Mr. Delmonico nur den einen.«

»Er muß ganz schön verdienen«, wunderte sich Schwede kopfschüttelnd. »Stell dir bloß mal vor, wie viele falsche Fünf- und Zehncentmarken der verkaufen muß, um sich so 'nen Schlitten leisten zu können!«

»Würd' mich interessieren, wie er heißt. Glaubst du, wir können uns, ohne gesehen zu werden, nah genug heranschleichen, um seine Autonummer zu entziffern?«

»Nein, das ist zu gefährlich«, meinte Schwede. »Wir besuchen lieber Mr. Delmonico bald wieder. Vielleicht können wir dann das Gespräch auf seinen Neffen bringen und so seinen Namen erfahren.«

Die Jungen machten sich zum zweiten Male auf den Heimweg. Diesmal gab es keine Unterbrechungen. Sie beeilten sich nicht besonders und machten ab und zu eine kleine Pause.

»Ich glaube nicht, daß Mr. Delmonico was mit der Sache zu tun hat«, sagte Schwede, als sie die Erlebnisse des Tages noch einmal durchgingen. »Er ist ganz einfach ein lieber, alter Kerl, zum Fälscher hat er nicht das Zeug.«

»Find' ich ja auch«, erwiderte Neil. »Aber dieser Neffe, das ist was anderes, der gefiel mir ganz und gar nicht.«

Bis Belleville zurück brauchten Neil und Schwede fast zwei Stunden. Als sie schon in der Straße waren, in der sie wohnten, kamen sie am Feuerwehrhaus vorbei. Eine Anzahl junger Männer war eifrig damit beschäftigt, auf dem Parkplatz vor dem Gebäude Wagen zu waschen. Auf der Straße staute sich eine lange Schlange von wartenden Autos. Ein riesiges Schild verkündete: ›Wagenwaschen ein Dollar fünfzig. Reinerlös zugunsten der Städtischen Krankenambulanz Belleville!‹

»Guck, wer da in der Schlange steht!« rief Schwede.

Neil drehte sich um. Der fünfte Wagen in der Reihe war der dunkelblaue Cadillac.

»Die Männer von der Freiwilligen Feuerwehr müssen ganz schön schuften«, sagte Neil, »die Städtische Ambulanz kann ein paar kräftige Arme sicher gebrauchen.«

»Versteh' schon, was du sagen willst: vier kräftige Arme, wie zum Beispiel deine und meine.«

»Genau das. Findest du nicht auch, daß sie alle schon ganz erschöpft aussehen?«

»Die sind zwar bestimmt nicht halb so erschöpft wie ich nach dieser Radtour, aber ein Weilchen können wir ihnen ja meinetwegen helfen«, brummte Schwede widerwillig.

Sie lehnten ihre Räder an einen Baum und gingen über den Rasen zu der arbeitenden Kolonne hinüber. Mehrere von den Jugendlichen, die den Feuerwehrmännern halfen, waren Bekannte von ihnen.

»Können Sie 'n bißchen Hilfe gebrauchen?« fragte Neil.

»O ja, sehr gern«, sagte der Mann, der die Aufsicht hatte. »Geht nach vorn zu den ersten Wagen und helft beim Abledern.«

Der ganze Waschvorgang war ein Musterbeispiel glatter und gut durchorganisierter Teamarbeit. Zwei Mann spritzten mit Schläuchen jeden Wagen ab und befreiten ihn von dem gröbsten Staub und Dreck. Dann rollte der Wagen ein paar Meter weiter, wo zwei andere Männer den verhärteten Schmutz mit einer Seifenlauge bearbeiteten. Das dritte Team spülte den Wagen wieder klar und wusch die Räder. Dann öffnete auf jeder Seite ein mit einem Staubsauger bewaffneter Mann die Türen und saugte die Teppiche und Sitzpolster ab. Zum Abschluß kamen sechs Mann, die den Wagen von der vorderen bis zur hinteren Stoßstange trockenlederten, das Armaturenbrett abstaubten und die Innenseite der Fenster und Windschutzscheibe abwischten.

Neil und Schwede schmuggelten sich mit etwas List in die letzte Gruppe ein, so daß sie bei der Innenreinigung mithelfen durften. Ihr Fleiß wurde nach zehn Minuten belohnt: Der blaue Cadillac rollte heran, um den letzten

Schliff zu bekommen. Sowie die Türen geöffnet waren, sprangen sie hinein, Neil nach vorn, Schwede nach hinten. Sie machten ihre Arbeit gründlich, fuhren in die Ritzen zwischen den Sitzpolstern, öffneten das Handschuhfach, leerten die Aschenbecher und untersuchten jeden Winkel genauestens. Sie ließen sich dabei so viel Zeit, daß sich die Wagen hinter ihnen allmählich zu stauen begannen.

»Nun macht schon«, mahnte der Mann, dem die Gruppe unterstand, »das reicht vollkommen.«

»Hast du was gefunden?« fragte Neil Schwede, als sie einen Augenblick ungestört miteinander sprechen konnten.

»Er ist es«, sagte Schwede.

»Wie? Wer?«

»Der Briefmarken-Neffe. Ich hab' genauso ein Briefmarkenpaket gefunden wie das, das Mr. Delmonico uns geschenkt hat. Es steckte zwischen der Armstütze und der Lehne des Rücksitzes. Und was hast du entdeckt?«

»Nichts«, gestand Neil. »Ich hatte gehofft, ich würde einen Brief oder wenigstens einen Zettel im Handschuhfach finden, aber es waren nur ein paar alte Straßenkarten drin.«

Die Jungen halfen noch den nächsten Wagen fertig zu machen, dann machte Neil sich an den Mann heran, der den Cadillac auf die Straße zurückgefahren und ihn an seinen Besitzer übergeben hatte: »Sagen Sie bitte, wer war der Herr, dem der dunkelblaue Cadillac gehört? Ich glaube, ich kenn' ihn vom Sehen.«

»Er heißt Leach und hat ein Haus draußen in dem neuen Viertel, ungefähr vier Kilometer südlich von der Stadt, Hickory Lane heißt die Straße, glaub' ich. Ich weiß es deshalb, weil ich für die Firma, die in seinem Swimmingpool das Filtersystem eingebaut hat, ein paar Sachen 'rausgebracht habe.«

»Weißt du nun, wo das ist?« fragte Neil Schwede, als sie allein waren.

»Natürlich weiß ich's«, erwiderte Schwede. »Die müssen ein herrliches Paar abgeben, die beiden!«

»Was?«

»Das einzige Haus an der Hickory Lane, von dem ich weiß, daß es einen Swimmingpool hat, ist das neben dem von Myrtles Eltern«, erklärte Schwede. »Und Myrtle sagte, die Frau, die uns in dem Zaun eingeschlossen hatte, heiße Mrs. Leach.«

»Na, prima«, jubelte Neil.

»Prima? Wieso prima?«

»Na, ist doch klar, jetzt kommen wir der Fälschergeschichte auf den Grund. Und vielleicht können wir auch das Problem mit den gefälschten Briefmarken lösen. Wär' doch ärgerlich, wenn wir jemand ins Kittchen bringen würden, den wir mögen, nicht?«

»Da hast du allerdings recht«, stimmte Schwede ihm zu. »Weißt du, ich bin plötzlich furchtbar kaputt. Findest du nicht, daß wir für heute genug für die Krankenambulanz getan haben?«

Sie legten heimlich ihre Putzlappen beiseite und gingen, als gerade niemand hersah, zu ihren Fahrrädern zurück.

Etwas über das Drucken und über Mr. Delmonico

Am Montag, kurz nach dem Mittagessen, holten Neil und Schwede ihre Räder heraus und fuhren zu ihrer Freundin Myrtle Cavanaugh hinaus. Sie lag im Garten in einer Hängematte und klimperte auf ihrer Gitarre.

»Hallo!« begrüßte sie die Jungen. »Ihr kommt wie gerufen. Ich habe eben einen Song gedichtet, es wird eines der unsterblichsten Lieder aller Zeiten werden!«

»Bescheidenes Kind, was?« sagte Schwede zu Neil.

»Um ein Genie zu erkennen, muß man eben selbst eines sein«, sagte Myrtle von oben herab. »Darum weiß ich auch, daß es ein absolut einmaliges Lied ist. Es heißt ›Die Ballade von der Carson Street‹.«

»Hm, klingt besser, als ich dachte«, gab Neil zu. »Laß hören!«

Myrtle zupfte ein paar Töne auf der Gitarre. Die Jungen sahen sich überrascht an, die Melodie klang ganz hübsch. Dann begann das Mädchen zu singen, mit einer ziemlich hohen, aber reinen und musikalischen Stimme:

»Hoch leben die Helden der Carson Street!
Zwei Helden so furchtlos und kühn,
die der Schrecken sind aller der Gauner,
die ihren Nutzen aus Falschgeld ziehn.
Hoch sollen sie leben, Schwede und Neil,
keine Müh' noch Gefahr wird ihnen zuviel!
Sie verfolgen den schlauen Bösewicht
durch die Stadt, das Feld und den Wald,
und wenn sie ihm dann an der Gurgel sind,
muß er sich ergeben gar bald.
Hoch sollen sie leben, Neil und Schwede,
die mutigen Männer der Tat und der Rede!«

»Mensch, sie ist ja wirklich ein Genie« — Neil lehnte sich behaglich in seinen Sessel zurück — »wenn sie auch unseren Qualitäten nicht ganz gerecht wird.«

»Wartet, es geht noch weiter«, sagte Myrtle.

»Aber ach, uns're Helden ereilte das Pech,
als in fremdem Bassin sie geschwommen.
Eine Frau und ein Hund, die hab'n ihnen frech
alle Freude am Bade genommen.
Weh, weh! Uns're Helden Schwede und Neil,
gefangen hinterm Zaun — und aus ist das Spiel!
Ein junges Mädchen, das hört ihr Geschrei

und eilt, sie zu retten, noch eben herbei.
Mit 'ner Leiter entflohen sie über den Zaun —
ich warn' euch, Verbrecher, sie sind wieder frei!
Hoch, hoch soll sie leben, die furchtlose Myrtle,
das Reis am Heldenstamm der McQuertles.«

»Reis, was ist denn das?« fragte Schwede.

»Na, eben ein Reis, R-e-i-s«, wiederholte Myrtle. »Das heißt soviel wie Kind oder Nachkomme der McQuertles.«

»Und wieso der McQuertles?« wunderte sich Neil. »Ich denke, ihr heißt Cavanaugh.«

»Kann ich was dafür, wenn sich mein Vater einen Namen ausgesucht hat, der sich nicht auf Myrtle reimt?« sagte Myrtle gereizt. »Sagt mir lieber, wie ihr mein Gedicht findet.«

»Phantastisch, bis auf die letzte Zeile«, erwiderte Neil.

»Es gibt eben nicht viel Wörter, die sich auf Myrtle reimen«, sagte Myrtle achselzuckend, »ich weiß nur Mörtel und vielleicht noch Gürtel, aber beides paßt nicht, und überhaupt braucht ihr beiden nicht soviel daran herumzumäkeln.«

»Warum hast du nicht deinen Vornamen geändert?« fragte Schwede. »Mach doch zum Beispiel Dagmar daraus.«

»Das wäre auch nicht besser«, wandte Myrtle ein. »Was reimt sich schon auf Dagmar?«

»Hoch soll sie leben, die schöne Dagmar,
sie stolpert' und fiel, pardauz, auf die Gitarr'!«

trällerte Schwede aus dem Stegreif.

»Du kannst gleich eins mit der Gitarr' auf den Kopf kriegen«, drohte Myrtle. »Wollt ihr das Lied nochmal hören? Jedesmal wenn ich's singe, werd' ich besser.«

»Es ist wirklich wunderbar, und ich würde es gern nochmal hören, aber nicht hier draußen, wo man uns belauschen kann«, wehrte Neil ab.

»Nanu, was hast du?«

»Wir haben nämlich Grund zu der Annahme, daß euer Nachbar in die Fälschergeschichte verwickelt ist«, erklärte Schwede, indem er das Päckchen, das er in Mr. Leachs Wagen gefunden hatte, aus der Tasche zog. »Der Zweck unseres Besuches ist, wir möchten von dir wissen, ob diese Briefmarken hier ebenfalls gefälscht sind.«

Sie gingen ins Haus. Myrtle holte ihre Alben hervor und suchte die Marken heraus, um die neuen mit ihnen zu vergleichen. Währenddessen erzählten ihr die Jungen, warum sie Verdacht gegen Mr. Leach geschöpft hatten und wie sie in den Besitz der Briefmarken gekommen waren.

»Auch gefälscht«, verkündete Myrtle nach ein paar Minuten, »genau wie die anderen. Mensch, ist das aufregend, direkt neben einem Fälscher zu wohnen!«

»Vorsicht, es ist nicht gesagt, daß *er* der Fälscher ist«, bremste Neil. »Vielleicht handelt er bloß mit Fälschungen.«

»Deshalb wollen wir auch unbedingt vermeiden, daß er auf uns aufmerksam wird«, setzte Schwede hinzu. »Der Witz ist, den Mann zu kriegen, der das eigentliche Drucken besorgt. Vielleicht ist es Leach, vielleicht ist es aber auch ein anderer.«

»Auf alle Fälle wäre es gut, wenn du ihn etwas im Auge behieltest«, sagte Neil. »Wie ist es, verreist er manchmal für längere Zeit? Hat er, wenigstens nach außen, einen Beruf? Oder was glaubst du?«

»Ich habe bisher nicht viel von ihm gesehen«, bekannte Myrtle. »Sie leben ja erst ein paar Tage hier. Seinen Cadillac habe ich, glaub' ich, erst zweimal gesehen. Sie fährt in einem Corvair herum — aber das wißt ihr ja —, so zum Einkaufen und dergleichen.«

»Hast du gesehen, wie sie eingezogen sind?« forschte Neil. »Hatten sie da sowas wie 'ne Druckerpresse dabei?«

»Ich habe keine Ahnung, wie eine Druckerpresse aus-

94

sieht«, erwiderte Myrtle. »Wie groß ist denn so 'n Ding?«

Neil und Schwede sahen sich an und grinsten verlegen. Keiner von beiden hatte eine rechte Vorstellung, wie eine Druckerpresse aussah.

»Meiner Meinung nach gibt es sie in den verschiedensten Größen«, äußerte Neil schließlich. »Um Briefmarken zu drucken, braucht man wohl keine sehr große, stell' ich mir vor.«

»Sie müßten auch so 'ne Maschine zum Ausstanzen der Perforierung haben«, fügte Schwede hinzu, während er die Briefmarken wieder einsammelte und in den Cellophanbeutel zurücktat. »Vielleicht wäre es ganz gut, wir sähen uns mal um und erkundigten uns ein bißchen, wie man druckt. Zum Beispiel bei der Zeitung.«

»Großartige Idee«, spottete Neil. »Wir gehen einfach rein und erzählen, wir wollten erfahren, wie man Falschgeld druckt! Und am nächsten Tag stände die Geschichte groß aufgemacht auf der ersten Seite.«

»Da könntest du allerdings recht haben«, gab Schwede zu. »Besonders bei zwei so berühmten Leuten wie uns, und wenn Myrtle dann noch ihr Lied zum besten gibt, sind wir noch berühmter.«

»Ich hab' 'ne Idee, wer uns helfen könnte«, rief Neil plötzlich. »Walt Helland.«

Walter Helland war ein Nachbar von Schwedes Eltern. Er war ein schmächtiges, weißhaariges Männchen von ungefähr siebzig Jahren. Vor seiner Pensionierung war er über dreißig Jahre lang der Herausgeber und Chefredakteur der Belleviller Tageszeitung gewesen. Jezt widmete er die meiste Zeit seinen Blumen. Sein besonderer Stolz waren seine Dahlien, bei jeder Blumenschau in der Stadt gewann er den ersten Preis.

Wie sie erwartet hatten, trafen die Jungen Mr. Helland im Garten hinter seinem Hause an. Er bestäubte gerade ein langes Blumenbeet mit irgendeinem Pulver. Respektvoll warteten sie, bis er seine Arbeit beendet hatte. Mr. Helland war bekannt dafür, daß er sehr unfreundlich werden konnte, wenn man ihn bei etwas unterbrach. Er tat, als bemerke er die Anwesenheit der beiden Jungen gar nicht, und wandte sich ihnen erst zu, als er das ganze Pflanzenmittel versprüht hatte.

»Also, was wollt ihr zwei von mir?« fragte er.

»Mr. Helland, wir möchten Ihnen gern ein paar Fragen über das Drucken stellen«, antwortete Neil.

»Na, sieh' mal an! Was für Fragen denn? Die Druckerkunst ist ein riesiges Gebiet. Ich habe mein ganzes Leben beruflich damit zu tun gehabt, aber seit ich pensioniert bin, hat sich alles so schnell verändert, daß ich überhaupt nicht mehr mitkomme.«

»Was wir gern wissen möchten, ist: Wie druckt man eine Briefmarke?« fragte Schwede.

»Eine Briefmarke? Wie kommst du darauf?«

»Darüber dürfen wir leider im Augenblick noch nicht sprechen«, sagte Neil, indem er sich vorsichtig umblickte, ob auch niemand sie belauschen konnte.

Mr. Helland grunzte verächtlich. »Keine Angst, hier hört euch niemand außer mir und den Blumen — und wir neigen alle beide nicht zum Klatschen.«

»Wir glauben nämlich, daß irgend jemand in der näheren Umgebung mit gefälschten Briefmarken handelt«, verriet Neil. »Es interessiert uns, ob sie hier in Belleville gedruckt wurden und, wenn ja, wo und wie.«

Mr. Helland musterte Neil mit einem ungläubigen Blick. »Was bringt euch auf diese Idee?«

»Jemand hat uns ein Paket mit gefälschten Briefmarken geschenkt«, erklärte Schwede, »und wir haben es einem Sammler gezeigt.« Er hütete sich wohlweislich, hinzuzufügen, daß es sich bei dem Sammler um ein Mädchen handelte, das zwei Jahre jünger war als er selbst. »Um ganz sicher zu sein, haben wir die Marken mit solchen verglichen, die auf der Post gekauft wurden. Es sind eindeutig nicht genau die gleichen.«

»Geschieht ihnen recht«, brummte Mr. Helland mürrisch.

»Verzeihung«, fragte Neil, »geschieht wem recht?«

»All diesen Briefmarkensammlern natürlich«, knurrte Mr. Helland. »Kleine, buntbedruckte Papierstückchen zu sammeln, ist wohl der größte Unsinn, den ich mir vorstellen kann. Als ich bei der Zeitung anfing, bekam ich vom Chef den Auftrag, die Briefmarken-Spalte zu schreiben. Ich riet den Lesern, mit dem Sammeln aufzuhören, weil es kindischer Unfug und das Albernste von der Welt sei.«

»Und was geschah daraufhin?« fragte Schwede.

»Ich wurde gefeuert«, sagte Mr. Helland nicht ohne Stolz. »Bei diesen irrsinnigen Preisen, die manche Verrückte für Briefmarken bezahlen, wundert es mich gar nicht, daß es Leute gibt, die sie fälschen.«

»Aber das ist ja gerade das Komische, Mr. Helland: Die gefälschten Marken, die wir geschenkt bekommen haben, sind überhaupt nicht viel wert«, meinte Neil.

Schwede zog das Briefmarkenpaket aus seiner Tasche und reichte Mr. Helland einige der Marken. Der alte Mann setzte sich die Brille auf und untersuchte die Exemplare.

»Kann nicht mal durch die Brille viel an ihnen sehen«, brummte er. »Wenn ihr sie hinten am anderen Ende des Gartens hinlegen würdet, wär's schon eher möglich, daß ich sie erkenne. Scheint aber 'n ordentlicher Druck zu sein.«

»Was uns vor allem interessiert: Wie würde es jemand anstellen, eine Briefmarke zu fälschen?« brachte Neil ihr Anliegen noch einmal vor.

Mr. Helland gab Schwede die Marken zurück. »Ohne Vergrößerungsglas kann ich euch wirklich keine genauere Auskunft geben. Aber, wie gesagt, der Stich und der Druck sehen nach ziemlich guter Arbeit aus.«

Zu Neil gewandt fuhr er fort: »Du fragtest, wie man

eine Briefmarke fälscht. Nun, heutzutage, wo es diese Fotokopiermaschinen gibt, wimmelt es von Dummköpfen, die, obwohl sie's eigentlich besser wissen müßten, alle möglichen Sachen zu fotokopieren versuchen. Hab' neulich sogar von zwei Jungen gelesen, die Zehndollarscheine auf einer Fotokopiermaschine herstellen wollten. Nun ist das Prinzip einer Fotokopiermaschine, daß sie alles, was man in sie hineinsteckt, auf ein Blatt Papier abfotografiert. Das dumme ist nur, die meisten Maschinen brauchen eine bestimmte Sorte von Fotokopierpapier, und jeder, der nicht ganz auf den Kopf gefallen ist, fühlt schon beim Anfassen, daß er es hier mit Falschgeld zu tun hat. Oder hast du schon mal eine Fotokopie gesehen, die das gleiche Papier hatte wie eine Dollarnote?«

Neil schüttelte den Kopf. »Nein«, sagte er, »mein Vater hat eine Fotokopiermaschine in seinem Büro. Die Briefkopien, die sie macht, sind immer irgendwie grau.«

»Vermutlich kann man mit einer entsprechend kostspieligen Maschine auch gestochen scharfe Kopien anfertigen«, sagte Mr. Helland. »Aber schon Briefmarken werden auf hochwertiges Papier gedruckt, erst recht nimmt man für Geld ein ganz spezielles Hadernpapier, und die Regierung wacht mit Argusaugen über jedes Fetzchen, das davon hergestellt wird.«

»Sind da nicht immer so 'n paar kleine Fasern oder Fäden im Papier mit drin?« fragte Schwede.

»Richtig«, erwiderte Mr. Helland, »aber sie sind kaum zu erkennen, so dünn sind sie. Es wird auch kaum vorkommen, daß jemand einen Geldschein mit der Lupe daraufhin untersucht, ob solche Fasern drin sind oder nicht. Aber man braucht natürlich gutes Papier, und das gilt genauso für Briefmarken. Wenn wir mal das beim Fotokopieren verwendete Papier beiseite lassen, kommen wir zum eigentlichen Drucken. Grob gesagt, gibt es drei Druckarten: einmal den schon von Gutenberg benutzten Buch- oder

Hochdruck, dann den Tiefdruck und schließlich den Offsetdruck.« Er unterbrach sich und warf einen forschenden Blick auf die Jungen. »Habt ihr überhaupt so lange Zeit?«

Neil nickte. »Natürlich, deshalb sind wir ja hier.«

»Also, nehmen wir zunächst das Hochdruckverfahren. Stellt euch vor, ihr habt einen einfachen Gummistempel und drückt ihn auf ein Stempelkissen und danach auf ein Blatt Papier. Was geschieht? Die Stempelfarbe bleibt an der Oberfläche der reliefartig erhabenen Buchstaben haften und wird so auf das Papier übertragen. Das ist nichts anderes als eine sehr einfache Art des Buchdrucks. Die Drucktypen bestehen im allgemeinen aus Blei, manchmal auch aus Holz oder einem anderen Material. Abgesehen davon, daß heute alles viel schneller geht und man auf riesigen Pressen druckt, ist das Prinzip des Buchdrucks dasselbe geblieben, seit Gutenberg im fünfzehnten Jahrhundert die bewegliche Letter erfand. Wohl aber hat sich das Verfahren, Illustrationen im Druck wiederzugeben, inzwischen verändert. In der Anfangszeit des Buchdrucks zeichnete ein Künstler zuerst eine Skizze auf eine Holzplatte, dann entfernte er oder ein Holzschneider mit Hohleisen und Stichel die obere Holzschicht zwischen den Linien der Zeichnung, bis diese erhaben dastanden und durch den Druck ein Bild wiedergaben. In alten Büchern könnt ihr solche Holzschnitte noch sehen. Sie waren oft sehr primitiv, aber es gab auch sehr schöne. Später ging man dazu über, statt der Holzplatten solche aus Kupfer oder Stahl zu verwenden, ließ aber nun nicht die Zeichnung erhaben stehen wie beim Buchdruck, sondern arbeitete sie mit einem Stichel vertieft in die Platte ein. Wenn man nun Druckerschwärze auftrug und von der Oberfläche wieder abschabte, blieb die Farbe in den Vertiefungen der Zeichnung und wurde erst durch den Druck vom Papier aufgenommen. Das ist das Prinzip des Tiefdrucks. Natürlich kann man mit einem Kupfer- oder Stahlstich viel mehr Drucke herstellen als mit einem

Holzschnitt. Allerdings ist das Verfahren auch etwas zeitraubender.«

Mr. Helland machte eine kleine Pause. »Ich habe mir nie Gedanken darüber gemacht, aber ich glaube, früher wurden die Vorlagen für unser Geld immer von einem Künstler mit der Hand direkt auf eine Metallplatte graviert. Später entdeckte man — auch schon vor ziemlich langer Zeit — Methoden, mit denen man viel schneller Druckplatten herstellen konnte, indem man nämlich Zink oder Kupfer lichtempfindlich machte und das Bild auf fotografisch-chemischem Wege übertrug. Die Bilder, die ihr heute in den Zeitungen seht, sind alle auf diese Weise entstanden.

Betrachten wir nun das dritte Druckverfahren, den Offsetdruck. Es fing mit Stein an. Jemand kam auf die Idee, mit Fettstift ein Bild auf eine glattgeschliffene Steinplatte zu zeichnen. Wenn man dann den Stein befeuchtete und anschließend Druckerschwärze auftrug, blieb die fetthaltige Farbe nur dort haften, wo mit dem Stift Linien gezogen waren. Von dem nassen Stein wurde sie abgestoßen. — Könnt ihr euch das vorstellen?«

»Ja, vollkommen«, antwortete Neil.

»Nun, von diesem ›Steindruck‹ genannten Verfahren führt ein weiter Weg zu dem heutigen Offsetdruck. An Stelle von Steinplatten benutzt man jetzt solche aus Zink, Aluminium oder anderen Metallen, und außerdem wird das Bild oder auch die Schrift auf fotografischem Wege auf die Platte übertragen. Nur das Grundprinzip des flach auf der Platte stehenden Druckbildes und der Abstoßung von Fett und Wasser ist das gleiche geblieben. Die Bezeichnung ›Offset‹ in der Druckersprache rührt daher, daß die Druckfarbe von der Platte auf einen Gummizylinder ›abgesetzt‹ und erst dann auf das Papier gedruckt wird.«

»Und nach welcher Methode, glauben Sie, werden Banknoten und Briefmarken gedruckt?«, fragte Schwede.

»Ich bin ziemlich sicher, unser ganzes Geld wird im Tiefdruck nach gravierten Platten hergestellt«, war Mr. Hellands prompte Antwort. »Von Briefmarken verstehe ich zwar nichts, weil ich mir nie eine genau unter dem Vergrößerungsglas angesehen habe, aber soviel ich weiß, können sie in allen drei Verfahren gedruckt werden. Sicher wird das Markenbild fotografisch auf die Druckplatte übertragen.«

»Dann könnte ich also — vorausgesetzt, ich hätte die nötigen Apparate — eine Briefmarke abfotografieren und so einen einwandfreien Nachdruck machen, nicht wahr?« fragte Neil.

»Nein, ganz so einfach ist es nicht«, erwiderte Mr. Helland. »Bei einem Zeitungsfoto schadet es selbstverständlich nichts, wenn man es gleich von der fotochemisch hergestellten Druckplatte druckt. Aber für einen wirklichen Qualitätsdruck muß das Druckbild von einem Fachmann überarbeitet werden. Er retuschiert hier und da, glättet an einer Stelle und zieht an einer anderen eine feine Linie nach.«

»Demnach kann also nicht jeder Briefmarken drucken, ganz zu schweigen von Geld?« fragte Schwede.

»Behüte Gott!« antwortete Mr. Helland. »Wie ich vorhin schon sagte, kann ich bei euren Briefmarken die Einzelheiten nicht so genau erkennen, aber nach dem zu urteilen, was ich sehe, sind die Platten für ihren Druck von jemand hergestellt worden, der seine Sache versteht.«

»Wie groß muß der Raum sein, den man braucht, um Briefmarken zu drucken?« fragte Neil.

»Das hängt ganz davon ab, wieviel Marken man auf einmal drucken will«, erwiderte Mr. Helland. »An sich braucht man nicht viel Platz dafür. Eine sehr kleine Druckerpresse könnte man sogar in einer Kleiderkammer aufstellen. Worauf es vor allem ankommt, ist das technische Können. Übrigens, wenn ihr wirklich über die Einzelheiten des Gravierens und Druckens etwas erfahren wollt, müßtet ihr euch mal mit einem Mann unterhalten, der nicht weit von hier wohnt. Sein Name ist Delmonico.«

»Delmonico?!« riefen Schwede und Neil wie aus einem Munde.

»Ja, Delmonico. Wieso, kennt ihr ihn etwa?« fragte Mr. Helland verwundert.

»Allerdings, wir haben ihn ein paarmal besucht«, beantwortete Neil Mr. Hellands Frage. »War er früher Graveur oder Drucker?«

»Ja, Graveur, und zwar ein hervorragender«, bestätigte Mr. Helland. »Eine Zeitlang arbeitete er für mich. Aber bei einer Zeitung gibt es nur wenig anspruchsvollen Druck, deshalb ging er nach New York und arbeitete einige Jahre für eine Firma, die hochwertige Drucke wie Aktienzertifikate und ähnliche Dinge machte. Dort war er Meistergraveur. Ich glaube, er machte die letzten Feinheiten an besonders schwierigen Druckplatten.«

Neil und Schwede tauschten einen erstaunten Blick aus. »Seltsam«, erklärte Schwede, »wir trafen ihn neulich an der Landstraße, wie er sich vergeblich abmühte, an seinem alten Lieferwagen ein Rad zu wechseln.«

Mr. Helland lachte. »Kann ich mir gut vorstellen! Joe Delmonico ist einer der nettesten und gutmütigsten Menschen, denen ich je begegnet bin. Aber er ist ein Tolpatsch und scheint auch nicht viel gesunden Menschenverstand zu haben. Er konnte zum Beispiel nie mit Geld umgehen. Als seine Frau noch lebte, hat sie die geschäftlichen Dinge für ihn erledigt. Alles Technische, was nicht direkt mit dem Drucken zu tun hat, war ihm, glaube ich, immer ein Rätsel. Doch wenn's um Gravieren geht, da ist er ein wahrer Künstler, ich wüßte kaum einen größeren.«

»Gut, vielleicht können wir Mr. Delmonico bald wieder besuchen und uns mit ihm unterhalten«, sagte Neil. »Und vielen Dank für alle Ihre Auskünfte!«

Die Jungen gingen zu Schwede nach Hause. Mrs. Larsen war den ganzen Tag fort, und sonst war niemand da. Sie machten sich über den Eisschrank her und schmierten sich zwei Riesenbutterbrote. Während sie sie auf der Gartentreppe sitzend verzehrten, hielten sie Kriegsrat.

»Das sieht tatsächlich immer mehr danach aus, als ob Mr. Delmonico in die Sache verwickelt ist«, begann Schwede. »Alles deutet in die Richtung.«

»Ja, aber du hast doch gehört, was Mr. Helland sagte: Er sei einer der nettesten Kerle, die ihm je begegnet sind. Warum sollte er auf seine alten Tage plötzlich zum Fälscher werden?«

»Vielleicht weil er mit seinem Geld nicht richtig umgehen konnte«, spann Schwede seinen Gedanken weiter. »Er brauchte welches, also hat er es sich gedruckt. Geld oder auch Briefmarken.«

»Nee, das leuchtet mir noch nicht ganz ein«, sagte Neil. »Ein Geldfälscher muß ein ziemlich gewitzter Bursche sein, wenn er nicht sofort geschnappt werden will. Und Mr. Helland sagt, Joe Delmonico sei ein Tolpatsch. Er könnte nicht mal ein Versteckspiel richtig organisieren, von einem Fälscherring gar nicht zu reden.«

»Mag sein, aber vielleicht ist er dumm genug, für einen zu drucken, der über den nötigen Grips verfügt«, rückte Schwede heraus. »Jedenfalls finde ich, wir sollten ihm nochmal einen Besuch abstatten.«

»Meine Beine sind noch ganz lahm von der letzten Tour«, stöhnte Neil. »Aber manches spricht dafür, daß du recht hast. Vielleicht ist er wirklich so naiv und erzählt uns, ob er Falschgeld druckt.«

Sie hatten Glück. Gleich nachdem sie aus der Stadt heraus waren, hielt ein Lastwagen an. Der Fahrer, der des öfteren mit Schwedes Vater geschäftlich zu tun hatte, bot den Jungen an, sie mitzunehmen. Sie luden ihre Räder hinten auf und waren in wenigen Minuten an der Kreuzung, von der links die Apple Creek Road abzweigte. Neil und Schwede sahen sofort, daß das Umleitungsschild und die Straßensperren, die sie für ihre Zwecke benutzt hatten, inzwischen verschwunden waren.

»Findest du nicht auch, das Straßenbauamt könnte sich eigentlich schriftlich bei uns bedanken, daß wir ihm die Abholarbeit erleichtert haben?« griente Schwede.

»Ich würde lieber den Mund halten, falls sie's vergessen sollten«, gab Neil zurück. »Hoffentlich ist Mr. Delmonico zu Hause.«

Zum zweitenmal an diesem Tag hatten sie Glück. Mr. Delmonico war im Garten und jätete das Unkraut in einem blühenden Zuckermaisbeet. Die Sonne brannte heiß, und der Schweiß rann ihm nur so vom Gesicht. Er war froh, daß der Besuch der Jungen ihm einen Vorwand lieferte, die Arbeit unterbrechen und den Garten sich selbst überlassen zu können.

»Nun, wie geht's unseren beiden Verkaufskanonen?« fragte er.

»Prächtig«, erwiderte Schwede, »bis auf die Hitze. Wir dachten, wenn wir hier schon vorbeikommen, könnten wir kurz reinschauen, um guten Tag zu sagen und vielleicht ein Glas Wasser zu bekommen.«

»Wenn's weiter nichts ist«, sagte Mr. Delmonico fröhlich. »Kommt 'rein.«

Er führte sie in die Küche seines bescheidenen Häuschens, wo sie die Bekanntschaft von Mr. Delmonicos Hund Arthur machten. Arthur schien eine Mischung aus Airedale und schottischem Schäferhund zu sein. An der Steifheit seiner Bewegungen merkte man, daß er schon sehr alt war. Trotzdem konnte er immer noch kräftig bellen; es dauerte mehrere Minuten, bis Mr. Delmonico ihn beruhigt hatte.

Die Küche enthielt einen Gasherd, einen Eisschrank, der Neil und Schwede unvorstellbar altertümlich vorkam, und ein paar Wandschränke, die dringend nach einem neuen

Anstrich verlangten. In der Mitte stand ein alter Tisch mit vier Stühlen darum. Alles sah alt und abgenutzt, dabei aber sauber und ordentlich aus. Mr. Delmonico nahm zwei Gläser aus dem Schränkchen über dem Ausguß, ließ das Wasser erst etwas ablaufen, bis es kalt aus der Leitung kam, und gab dann jedem der beiden Jungen ein Glas.

»Ich hab' einen erstklassigen Brunnen — das beste Wasser weit und breit, und schön kalt«, sagte er.

Obwohl Neil und Schwede eigentlich gar keinen Durst hatten, taten sie so, als ob ihnen das Wasser köstlich schmecke.

»Wir haben uns neulich zufällig mit einem guten Bekannten von Ihnen unterhalten«, begann Neil. »Walter Helland heißt er.«

»Oh, natürlich, Walt. Ist 'n feiner Kerl«, sagte Mr. Delmonico ganz verzückt. »Hab' früher für ihn gearbeitet. War'n guter Zeitungsverleger und ein Geschäftsmann, der was von seinem Metier verstand.«

»Er sagte uns, Sie wären früher Graveur gewesen«, fuhr Neil fort.

»Ja, fast vierzig Jahre lang«, erwiderte Mr. Delmonico. Man merkte ihm an, daß er stolz darauf war.

»Mr. Helland sagte uns auch, daß Sie einer der besten Graveure seien, die er kennt«, fügte Schwede hinzu. »Was haben Sie damals gemacht?«

»Interessiert ihr euch denn für Feindruck?« fragte Mr. Delmonico.

»O ja, wir wissen nur noch nicht viel darüber«, sagte Schwede. Mit beidem hatte er recht.

»Nun, wenn ihr ein paar Minuten Zeit habt, dann kommt mit rüber ins andere Zimmer, ich zeig' euch ein paar von meinen Sachen«, lud Mr. Delmonico sie ein.

Das Haus hatte, außer einem Badezimmer, vier Räume: die Küche, ein Schlafzimmer, eine gute Stube, die anscheinend nur selten benutzt wurde, und einen vierten Raum, in dem eine wüste Unordnung herrschte, offensichtlich das Büro oder Arbeitszimmer Mr. Delmonicos. In einer Ecke stand ein altes Rollpult, das mit allen möglichen Papieren in wirrem Durcheinander bedeckt war. Daneben befand sich ein Aktenschrank und in der gegenüberliegenden Ecke ein kleiner Tisch. Vor dem Pult stand ein Bürosessel; außerdem gab es noch einen zweiten Stuhl, der aber nicht benutzbar war, weil sich auf ihm ebenfalls ein Berg von Büchern und Papieren türmte.

»Viel Platz zum Sitzen gibt's leider nicht«, entschuldigte sich Mr. Delmonico. »Müßte mal 'n paar Papiere abheften, aber mein Aktenschrank ist einfach voll.« Er zeigte auf die Wände. Mit Ausnahme einer kleinen Fläche, die ein Bücherregal einnahm, waren sie über und über mit eingerahmten Musterdrucken behängt. Neben einem Bild mit der Wolkenkratzersilhouette von New York hingen da mehrere Farmszenen und eine Darstellung von Booten am Strand. Das meiste waren indessen normale Drucke: Aktienzertifikate mit Randleisten und Schnörkelwerk in den Ecken, reichverzierte Diplome und Ehrenurkunden für diese oder jene Leistung. Neil trat etwas näher an einen großen Rahmen heran, in dessen einer Ecke ein ungefähr fünf mal fünfzehn Zentimeter großes Papier geklemmt war.

»Ist das nicht ein Geldschein?« fragte er; sehr genau konnte er es nicht erkennen, da der Rahmen in einer dunklen Ecke hing.

»Ja, ich glaube, das war für Nicaragua«, sagte Mr. Delmonico.

»Haben Sie viele Druckplatten für Banknoten gemacht?« erkundigte sich Schwede.

»Oh, hundert dürften nicht reichen«, antwortete Mr. Delmonico voller Stolz. »Seht mal, viele der kleineren mittel- und südamerikanischen Staaten haben nicht die nötigen Einrichtungen, um ihre Landeswährung selbst zu drukken. Ein Großteil des Geldes für ausländische Regierungen ist in London gedruckt, und natürlich gibt es auch in den Vereinigten Staaten mehrere Firmen, die sich darauf spezialisiert haben.«

»Wie kann das betreffende Land sicher sein, daß es auch wirklich alles in seinem Auftrag gedruckte Geld bekommt?« fragte Schwede.

»Nun, es muß sich eine Firma suchen, deren Ruf über jeden Zweifel erhaben ist«, erwiderte Mr. Delmonico. »Der geringste Anschein von Unehrlichkeit genügt, und mit dem Geschäft ist es für alle Zeiten vorbei.«

»Haben Sie auch mal für die Vereinigten Staaten Geld gedruckt?« fragte Neil und bemühte sich, seine Frage so harmlos wie möglich klingen zu lassen.

»Nein, die Vereinigten Staaten haben eigene Notendruckereien«, war Mr. Delmonicos prompte Antwort. »Allerdings habe ich einmal aus Jux eine Zwanzigdollarnote hergestellt, in roter Farbe und selbstverständlich ohne jeden Wert.«

»Wieso in roter Farbe?« forschte Schwede.

»Mein Neffe fuhr damals zu einem großen Treffen konservativer Geschäftsleute, die sich darüber beklagten, daß die Regierung zuviel Geld ausgebe. Und dabei benutzten sie meinen rotgedruckten Geldschein als Propaganda-Gag, um auszudrücken, daß ihrer Meinung nach die Regierung in die ›roten Zahlen‹ geraten werde. Außerdem war irgend so 'ne Parole quer darübergedruckt. Ich weiß nicht mehr genau, wie sie lautete, ist schon ein paar Jahre her. Neulich erst ist mir eine von diesen Noten unter die Finger gekommen, wo war das bloß noch?« Er kramte in dem Papierhaufen auf dem Rollpult, während Neil und Schwede voller Spannung warteten. Einen Augenblick später verzog sich Mr. Delmonicos Gesicht zu einem freudigen Grinsen. Triumphierend hielt er ein kleines Stück Papier in die Höhe.

»Hier ist sie!« sagte er. »War eigentlich keine schlechte Arbeit, muß ich sagen.«

Er reichte den Geldschein Neil, der neben ihm stand. Der Schein hatte genau die Größe einer Zwanzigdollarnote und war — wie Mr. Delmonico es gesagt hatte — in Rot statt in dem üblichen Grün und Grau gedruckt. Die Farbe gab ihm ein ganz ungewohntes Aussehen, und Neil waren die charakteristischen Merkmale einer Zwanzigdollarnote nicht so geläufig, daß er beurteilen konnte, ob es sich tatsächlich um eine genaue Nachahmung handelte. Er drehte die Note um, auf die Seite mit dem Bild Präsident Jacksons. Eine diagonal darübergedruckte Schriftzeile lautete: ›Die Inflationspolitik der Regierung macht aus Grünlingen Rotlinge‹.

»›Grünlinge‹ war ein damals häufig gebrauchter Ausdruck für unser Papiergeld«, erläuterte Mr. Delmonico. »Heute kommt er mehr und mehr aus der Mode. Möchtet ihr den Schein gern behalten?«

»O ja, sehr gern«, sagte Neil. »Ich seh' jetzt schon das Gesicht, das mein Vater machen wird!«

Sie sprachen noch ein paar Minuten weiter, und Mr. Delmonico zeigte ihnen verschiedene Drucke aus dem Stapel von Papieren auf seinem Pult. Besonders stolz war er auf ein Diplom, dessen Rand fast ganz mit Schmuckleisten und wellenförmigen Illustrationen verziert war.

»Leider hab' ich nie Klischees für Buchillustrationen angefertigt«, sagte er. »Das war immer mein größter Wunsch, zum Beispiel für die ›Schatzinsel‹ würde ich gern welche machen.«

»Und wie ist es mit wirklichem Zeichnen und Malen — tun Sie das auch?« fragte Schwede.

»Nun ja, ich male ein wenig«, gestand Mr. Delmonico. Er führte die Jungen ins Wohnzimmer und zeigte auf zwei Ölgemälde an der Wand. Das eine stellte den Schuppen hinter seinem Haus dar und das andere eine Szene am Delaware River. Beide Bilder sahen wie von einem richtigen Maler gemalt aus, fanden Neil und Schwede. Zweifellos war Mr. Delmonico ein hervorragender Künstler, Walter Helland hatte nicht übertrieben.

Die Jungen verabschiedeten sich und fuhren, wie sie es Mr. Delmonico gesagt hatten, in der Richtung zum Delaware River davon.

»Na, was sagst du?« fragte Schwede, während sie nebeneinander die Straße hinunterradelten. »Ist er der Mann, den wir suchen, oder ist er's nicht?«

»Ich weiß nicht, was ich von ihm halten soll«, bekannte Neil. »Auf jeden Fall trau' ich ihm zu, daß er die Druckplatten anfertigen und auch das Drucken besorgen könnte, egal ob für Briefmarken oder für Banknoten. Diese rote Dollarnote sieht ja nicht gerade toll aus, aber, wenn sie in Grün und auf dem richtigen Papier gedruckt wäre und ohne den Spruch darüber, könnte man ganz schön darauf reinfallen.«

»Na, und wenn sie als Zwanzigdollarnote nicht gut genug ist — zehn Dollar bekäme man sicher dafür«, alberte Schwede mit todernstem Gesicht.

»Im Discountladen bestimmt«, gab Neil trocken zurück.

»Hör mal, wenn dieser Neffe ihn beschwatzt hat, für irgend so 'nen politischen Unsinn Zwanzigdollarnoten zu drucken, warum könnte er sich dann nicht einen Vorwand ausdenken, um auf die gleiche Weise zu Briefmarken zu kommen?« fragte Schwede.

Fast den ganzen Weg zurück nach Belleville sprachen sie über die verschiedenen Möglichkeiten ihres weiteren Vorgehens. Als sie beinahe schon zu Hause waren, kamen sie nach vielem Hin und Her zu dem Entschluß, daß der Zeitpunkt gekommen sei, mit Mr. LeBon Kontakt aufzunehmen.

Mr. Leach benimmt sich geheimnisvoll

Am Freitagmorgen setzten Neil und Schwede sich zusammen und verfaßten nach fünf oder sechs vergeblichen Anläufen einen Brief an Mr. LeBon. Kurz und sachlich lautete er:

Sehr geehrter Mr. LeBon,
wir haben einen Mann ausfindig gemacht, der ein sehr guter Graveur ist und imstande, Druckplatten für Falschgeld herzustellen. Wir halten ihn nicht für einen Fälscher, wohl aber für so naiv, daß er vielleicht für die wirklichen Fälscher arbeitet, ohne sich darüber klar zu sein, was er tut. Beiliegend eine Zwanzigdollarnote, die er einmal zum Scherz gedruckt hat. Wir glauben, daß es sich bei dem Fälscherring eher um Briefmarken- als um Geldfälscher handelt. Können Sie bitte bald Verbindung mit uns aufnehmen? Mit freundlichen Grüßen
Carson Street Detektiv Agentur

Anschließend tippten sie den Brief auf Mrs. Lamberts Reiseschreibmaschine ab. Neil hatte auf der Schule einen Maschinenschreibkursus besucht und konnte einigermaßen gut schreiben. Es gelang ihm, im ganzen Brief nur drei Fehler zu machen. Sie unterzeichneten beide mit einem schwungvollen Schnörkel unter ihren Namen.

An diesem Freitag arbeiteten Neil und Schwede den ganzen Tag in einer Baumschule am Stadtrand. Als Neil am Samstagnachmittag nach Hause kam, fand er eine Nachricht vor, daß Myrtle Cavanaugh seinen Anruf erwarte.

»Hier ist Geheimagent Nummer 36½«, tönte es aus dem Apparat. »Ich habe eine Meldung zu machen.«

»Schieß los!« sagte Neil.

»Verschlüsselt oder unverschlüsselt?«

»Wir haben keinen Geheimcode«, wehrte Neil ab.

»Wir könnten's ja in Küchenlatein versuchen«, schlug Myrtle vor. »Oder ich schreibe einen Song und trage ihn dir vor.«

»Ich bin dafür, daß wir bei normalem Englisch bleiben — falls du diese Sprache beherrschst«, gab Neil zurück.

»Sei gefälligst etwas höflicher, wenn du auf meine Mitarbeit weiterhin Wert legst«, warnte Myrtle. »Also, ich wollte euch nur sagen, daß Mrs. Leach gestern nachmittag mit zwei Koffern aus dem Haus kam und sie in ihren Corvair einlud. Sie fuhr weg und kam nach ungefähr einer Dreiviertelstunde in Begleitung eines weißhaarigen Mannes mit einem rundlichen Gesicht zurück.«

»Aha, Mr. Delmonico«, sagte Neil.

»Hab' ich mir schon gedacht«, fuhr Myrtle fort. »Offenbar hatte sie etwas vergessen, denn sie holte ein Kosmetikköfferchen aus dem Haus und verstaute es in ihrem Gepäck. Als sie wieder abfuhren, winkte Mr. Leach den beiden zum Abschied zu und wünschte ihnen eine gute Reise. Ich glaube, sie gehen auf eine Ferienreise oder machen irgendwo Besuch.«

»Hast du sonst noch was verstanden von ihrer Unterhaltung?«

»Darauf wollte ich gerade kommen«, sagte Myrtle. »Ich pirschte mich dicht an die Hecke heran und konnte fast alles mithören, was Mr. Leach sagte. Zunächst 'ne Menge Aufträge wie ›grüß den und den von mir‹ und so weiter. Dann sagte er: ›Macht euch keine Sorgen wegen Arthur. Ich paß schon auf ihn auf und kümmere mich darum, daß er nicht abhanden kommt.‹«

»Ja, Arthur ist Mr. Delmonicos Hund«, erklärte Neil.

»Ach, ist das alles?« Myrtle schien ganz enttäuscht zu sein. »Und ich dachte schon, es wäre ein Gangster, der ihnen einen Streich gespielt hätte. Also, wenn in eurem Fall nicht bald so was Aufregendes wie 'ne Leiche auftaucht, sehe ich mich nach einer anderen Detektiv-Agentur um.«

»Kommt gar nicht in Frage«, erwiderte Neil. »Wir brauchen deine Mitarbeit unbedingt.«

»Ich bin noch nicht fertig mit meinem Bericht«, fuhr Myrtle fort. »Also, Mr. Leach blieb im Haus, bis es draußen schon ganz dunkel war. Dann kam er heraus, stieg in seinen Cadillac und fuhr weg. Das war etwa um halb neun oder neun. Er kam erst nach ein Uhr nachts zurück.«

»Bist du denn die ganze Zeit aufgeblieben?« fragte Neil.

»Das nicht, aber das Zimmer, in dem ich schlafe, liegt nach der Seite hinaus, und zufällig hörte ich ihn heimkommen.«

»Hm«, überlegte Neil, »wo mag er hingefahren sein?«

»Das kann ich natürlich nicht sagen«, antwortete Myrtle. »Geheimagent Nummer $36\frac{1}{2}$ meldet: Ende des Berichtes.«

»Was soll das eigentlich bedeuten: Nummer $36\frac{1}{2}$?« erkundigte sich Neil.

»Das ist meine Schuhgröße«, erklärte Myrtle. »Damit ihr wißt, ob ich es bin oder nicht, für den Fall, daß ich mal verschwinde und ihr irgendwelche Spuren findet.«

»Verstehe«, grinste Neil.

Als er sich am Sonntagmorgen mit Schwede traf, beschlossen sie, am Nachmittag zu Mr. Delmonicos Haus hinauszufahren.

»Wir fahren einfach mal hin, als ob wir damit rechneten, ihn zu Hause anzutreffen«, meinte Schwede. »Und wenn er dann nicht da ist, was ja sicher ist, gucken wir mal rasch in dem Schuppen nach, ob er da vielleicht eine Druckerpresse drin hat.«

Sie entschieden sich, die Fahrräder diesmal zu Hause zu lassen und ihr Ziel per Anhalter zu erreichen. Es dauerte auch nicht lange, bis sie einen Wagen fanden, der sie bis zu der Ecke von Mr. Delmonicos Haus mitnahm. Der alte Lieferwagen stand auf dem Hof, aber zu sehen war niemand. Sie klopften an die Hintertür, doch außer dem wütenden Bellen von Arthur kam keine Antwort.

Der kleine, als Garage dienende Schuppen war längst nicht so adrett und gepflegt wie das Haus. Trotzdem war er in leidlich gutem Zustand, es führte sogar eine elektrische Lichtleitung vom Giebel des Hauses zu ihm hinüber. Außer einer kleinen Seitentür hatte der Schuppen ein zweiflügeliges Tor, durch das bequem ein Wagen hineinfahren konnte. Aber Mr. Delmonico machte sich offenbar nie die Mühe, seinen Wagen in die Garage zu fahren; man sah, daß die Türflügel lange nicht geöffnet worden waren: Unkraut und Gras wucherten ungehindert bis an sie heran. Neil versuchte die Seitentür zu öffnen. Sie war unverschlossen.

Im Innern erwartete die beiden eine arge Enttäuschung. Bei dem spärlichen Licht, das durch die beiden staubverkrusteten Fenster fiel, erkannten sie auf den ersten Blick: Hier befand sich keine geheime Druckerei. In einer Ecke türmte sich ein Stapel Körbe, an der Wand hingen einige Gartengeräte, und auf einer altersschwachen Werkbank lagen verschiedene Rohrstücke herum. Auf dem staubigen Fußboden waren vier große Vogelfutterhäuschen übereinandergestapelt.

»Nichts«, brummte Schwede enttäuscht.

Die beiden Jungen verließen den Schuppen wieder und gingen einmal um ihn herum. An die Rückwand war ein kleiner stallartiger Verschlag angebaut, der einige Hühner beherbergte. Er bestand aus zwei getrennten Abteilungen. Die eine diente zur Aufbewahrung des Futters, die andere war der eigentliche Hühnerstall. Ein halbes Dutzend Hennen gackerte zufrieden in dem engen, von Maschendraht eingezäunten Auslauf.

»Außer drei Eiern nichts drin«, stellte Neil mit einem Blick in die hintere Stallhälfte fest.

Die Jungen wandten sich dem Haus zu. Auf halbem Wege wies Schwede auf zwei schräg in den Erdboden eingelassene Eisenplatten unter dem Küchenfenster.

»Das Kellergeschoß!« sagte er. »Das Haus hat also einen Keller.«

Es handelte sich um die üblichen genormten Stahlplatten, mit denen eine außerhalb des Hauses liegende kurze Kellertreppe abgedeckt wird. Sie waren dunkelgrün gestrichen und mit einer quer über die Mitte laufenden starken Eisenstange samt Vorhängeschloß gesichert.

»Ich glaube, wir haben es«, sagte Neil. »Er will auf keinen Fall, daß jemand in seinem Keller herumschnüffelt.«

»Kannst du dich entsinnen, ob es im Haus einen Kellereingang gibt?« fragte Schwede.

»An dem Tag, an dem wir drin waren, hab' ich keinen gesehen, aber das will nicht viel besagen. Da waren 'ne ganze Menge Türen, die ebensogut zu Nebenkammern wie zu einer Kellertreppe führen konnten.«

»Ist auch ziemlich egal«, meinte Schwede. »Selbst wenn es uns gelänge, ins Haus zu kommen — Arthur würde uns ganz schön an die Beine gehen.«

Sie gingen ganz um das Haus herum, aber das einzige, was sie entdeckten, war, daß das Kellergeschoß keinerlei Fenster hatte.

»Muß verdammt dunkel da unten sein«, meinte Neil.

Die Jungen wollten schon zur Straße zurückgehen, weil es doch nichts weiter zu beobachten gab. Da sah Neil eine Gestalt aus dem Wald auftauchen und über den Zaun klettern.

»He, da geht ja unser Vogelfreund«, machte er Schwede aufmerksam. »Vielleicht kann er uns in die Stadt mitnehmen.«

Jim Adler hatte sich, nachdem er über den Zaun gestiegen war, in die entgegengesetzte Richtung gewandt und marschierte mit langen, energischen Schritten die Straße hinunter.

»Wahrscheinlich hat er sein Auto unten an der Brücke abgestellt«, sagte Schwede. »Komm, wir beeilen uns.«

114

Sie liefen ein kurzes Stück im Dauerlauf, dann blieben sie stehen, und Schwede rief Mr. Adlers Namen. Mr. Adler drehte sich um und wartete, bis die Jungen ihn eingeholt hatten.

»Wir wollten eben Mr. Delmonico besuchen«, erklärte Neil, als sie zusammen weitergingen, »leider umsonst.«

»Ich glaube, er ist verreist«, sagte Mr. Adler. »Eine Frau in mittlerem Alter hat ihn gestern nachmittag abgeholt. Er stieg mit einem Koffer in ihr Auto, und sie fuhren zusammen fort.«

»Sicher seine Nichte«, erwiderte Neil.

»Fahren Sie in Richtung Belleville?« fragte Schwede. »Wir dachten, dann könnten Sie uns vielleicht 'n Stück mitnehmen?«

»Ja, kann ich machen«, antwortete Mr. Adler. »Ich muß sowieso über Belleville.«

Sie quetschten sich zu dritt in den Volkswagen und fuhren zur Stadt zurück. Unterwegs fiel Neil Mr. Delmonicos Hund ein. Myrtles Bericht hatte er entnommen, daß Mr. Leach Arthur versorgte. Aber er hielt es doch für besser, sich zu vergewissern.

»Mr. Delmonico hat seinen Hund zu Hause gelassen«, sagte er. »Wer gibt ihm eigentlich zu fressen?«

»Und den Hühnern«, fügte Schwede hinzu.

»Heute morgen kam ein Mann in einem blauen Cadillac«, erzählte Mr. Adler. »Er ließ den Hund ein Weilchen draußen herumlaufen. Kann sein, daß er auch die Hühner gefüttert hat, ich hab' nicht so darauf geachtet. Ich hab' nur gesehen, daß er im Garten irgend etwas abpflückte.«

»Das wird Mr. Leach gewesen sein. Er kommt wahrscheinlich ein- oder zweimal am Tag heraus, um nach dem Rechten zu sehen.«

Mr. Adler setzte Neil und Schwede am Stadtrand von Belleville ab. Die restlichen paar Straßen gingen sie zu Fuß.

Minuten später saßen sie, mit einer Flasche Cola versehen, auf der Gartentreppe des Lambertschen Hauses. »Komisch«, fing Neil an, »Mrs. Leach und Mr. Delmonico gehen zusammen auf eine Reise, und Mr. Leach bleibt zu Hause, um den Hund und die Hühner zu versorgen. Wenn er jeden Tag zur Arbeit müßte, würde ich mich ja nicht weiter darüber wundern. Aber nach dem, was Myrtle sagt, ist er den ganzen Tag zu Hause. Wieso besorgen sie sich dann nicht jemand, der auf die Viecher aufpaßt, und verreisen zu dritt?«

»Vielleicht besuchen Mrs. Leach und Mr. Delmonico Verwandte, und Mr. Leach wollte lieber mit dem Hund daheimbleiben als mitfahren«, gab Schwede zu bedenken. »Wenn ich so an einige von unseren Verwandten denke, da würde ich auch lieber zu Hause bleiben und sogar mit Freuden auf sechs Hunde aufpassen.«

»Das kann natürlich der Grund sein«, räumte Neil ein. »Andererseits ist es nicht ausgeschlossen, daß Mr. Leach die Abwesenheit seines Onkels dazu benutzen will, sich in seinem Haus zu schaffen zu machen. Myrtle sagte, er sei in der letzten Nacht stundenlang dort gewesen.«

»Wenn es in Mr. Delmonicos Haus eine Druckerpresse gibt, auf die er es abgesehen hat, dann muß sie im Keller sein«, schloß Schwede. Mit einem prüfenden Blick zum Himmel fuhr er fort: »Was hältst du davon, wenn wir uns etwas Proviant organisieren und die Nacht draußen kampieren?«

»Keine schlechte Idee«, erwiderte Neil. »Ruf deine Mutter an und sieh zu, daß sie einverstanden ist. Mit meiner komm' ich schon klar.«

Eine halbe Stunde später hatten sie ihre Rucksäcke mit der nötigen Campingausrüstung gepackt. Im Supermarkt kauften sie noch ein paar Vorräte ein und machten sich dann auf den Weg. Diesmal hatten sie beim Anhalten nicht so viel Glück und wurden nur ein kleines Stück mit-

116

genommen. Die übrigen sechs Kilometer mußten sie zu Fuß bewältigen. Trotzdem war es noch nicht sechs Uhr abends, als sie bei Mr. Delmonicos Haus ankamen. Sie suchten sich einen Platz am Waldrand, von wo sie, ohne selbst gesehen zu werden, das Haus gut beobachten konnten, und richteten sich für die Nacht ein. Schwede bestimmte eine Stelle im Windschatten eines großen Findlingsblocks zum Abkochen. Das bot zwei Vorteile auf einmal: Es konnte keinen Waldbrand geben, und sie waren gegen neugierige Blicke abgeschirmt. Die beiden Jungen waren gerade damit beschäftigt, einen genügenden Vorrat an trockenem Brennholz zusammenzutragen, als der blaue Cadillac in Mr. Delmonicos Einfahrt einbog. Sofort unterbrachen Neil und Schwede ihre Tätigkeit und versteckten sich hinter einem großen Strauch, von wo aus sie das Haus leicht im Auge behalten konnten.

Mr. Leach ging zur Hintertür, schloß sie auf und ließ Arthur ins Freie. Der Hund tollte einige Minuten ausgelassen umher und trottete dann gemächlich zum Garagenschuppen hinüber. Mr. Leach verschwand im Haus und ließ sich erst nach ungefähr zehn Minuten wieder sehen, um den Hühnern etwas Futter hinzuwerfen. Er ging in den winzigen Hühnerstall; als er herauskam, hatte er irgend etwas in den Händen, wahrscheinlich ein paar Eier. Er brachte sie ins Haus und erschien gleich danach wieder in der Tür, um nach dem Hund zu rufen. Arthur schien keine rechte Lust zu haben, schon hereinzukommen. Mr. Leach klatschte in die Hände und pfiff. Als das alles nichts nützte, gab er es auf und ging ins Haus. Er kehrte mit einer Freßschüssel in der Hand zurück. Diesmal schien Arthur eher bereit, zu gehorchen. Sobald Mr. Leach den Hund drinnen hatte, schloß er die Hintertür zu, ging zu seinem Wagen und fuhr ab.

»Also, viele Briefmarken oder Banknoten kann er in der kurzen Zeit nicht gedruckt haben«, meinte Schwede.

»Wart's ab, die Nacht ist noch nicht vorüber«, entgegnete Neil.

Die Jungen zündeten ein Lagerfeuer an, kochten das Abendessen und brauten sich hinterher noch einen Kaffee. Danach zogen sie mit den Schlafsäcken an den Platz am Waldrand, den sie vorher ausgesucht hatten.

Um wach zu bleiben, unterhielten sie sich; zwischendurch beobachteten sie den Sternhimmel oder horchten auf die Geräusche im nächtlichen Wald.

»Ich hab' Durst«, sagte Neil plötzlich. Es war inzwischen fast halb zehn geworden.

»In meiner Feldflasche ist noch ein wenig Wasser«, antwortete Schwede, »aber wir brauchen noch etwas für den Kaffee morgen früh.«

»Mein Großvater erzählte immer, wie sie früher in den Wald gegangen sind«, redete Neil weiter. »Wenn er an einen Bach kam, legte er sich einfach auf die Erde und stillte seinen Durst. Heutzutage kann man fast sicher sein, daß das Wasser mit Bakterien verseucht ist und man sich sowas wie die Tollwut oder die Ulmenkrankheit holt.«

»Von ansteckenden Krankheiten versteh' ich nichts, aber ich kann mir nicht vorstellen, daß das Wasser aus dem Bach hinter uns besonders gut schmeckt«, sagte Schwede. »Es fließt an der Wiese vorbei, auf der diese Schafe weiden; neulich sah ich mindestens fünf von ihnen knöcheltief im Wasser stehen, um zu trinken.«

»Und warum holen wir es uns nicht von Mr. Delmonicos Haus?« entfuhr es Neil.

»Ist doch abgeschlossen, du Idiot!«

»Das weiß ich auch, aber vielleicht gibt es irgendwo außen an der Mauer einen Wasserhahn. Mr. Delmonico gießt doch bestimmt seinen Garten.«

Sie krabbelten aus den Schlafsäcken und gingen mit ihren Feldflaschen zum Haus hinüber. Dicht bei dem Garagenschuppen fanden sie tatsächlich einen Wasserhahn, an der Hauswand beim Gemüsegarten war sogar ein zweiter. Schwede füllte seine Flasche. Neil war gerade dabei, dasselbe zu tun, als Schwede plötzlich einen leisen Warnruf ausstieß. »Da kommt ein Wagen die Straße herunter«, flüsterte er, »und zwar verdächtig langsam.«

Neil drehte rasch den Hahn zu, sie griffen ihre Feldflaschen und hatten gerade noch Zeit, sich hinter einen großen Strauch zu ducken. Das Auto war kaum zu hören, so leise näherte es sich. Im gleichen Moment, als es in die Einfahrt einbog, verloschen die Scheinwerfer bis auf das schwache Glimmen des Standlichtes. Trotz der Dunkelheit erkannten die Jungen mühelos die langgestreckte Silhouette von Mr. Leachs Cadillac. Anstatt wie vorhin in der Einfahrt zu parken, rollte er diesmal auf den Hof und wendete auf dem Rasen zwischen Haus und Garage.

»Man könnte glatt auf der Straße vorbeifahren, ohne überhaupt zu merken, daß hier ein Auto steht«, flüsterte Schwede Neil zu.

Mr. Leach war ihren Blicken verborgen, als der Wagen endlich zum Stehen kam. Die Jungen hörten, wie eine Autotür zuschlug und gleich danach Arthur im Haus zu bellen anfing. Mr. Leach kam jedoch nicht zur Hintertür.

»Er geht zum Keller«, flüsterte Neil. »Komm, wir sehen mal nach.«

»Geh aber ganz um das Haus herum und guck von der anderen Seite!« riet Schwede. »Sollte er plötzlich auf die Idee kommen, etwas zu holen, und geht zur Hintertür hinaus, so erwischt er uns hier.«

Neil nickte, daß er verstanden habe. Die Jungen verließen ihr Versteck und rannten zur Vorderseite des Hauses. In weitem Bogen näherten sie sich von der Seite her der Rückfront. Schwede ließ sich auf Knie und Hände nieder und kroch vorsichtig weiter, bis er um die Ecke sehen konnte. Fast eine Minute kauerte er so beobachtend und legte sich dann flach auf den Bauch.

»Was macht er?« fragte Neil ungeduldig und stieß Schwede in den Rücken.

Schwede gab ihm ein Zeichen, sich still zu verhalten. Deutlich war zu hören, wie die Autotür mehrmals auf- und zuklappte, danach ein lautes Zuschlagen, das nach Neils Meinung von der Kellertür kommen mußte. Schwede kroch etwas zurück, um Neil an seinen Platz zu lassen.

Neil spähte um die Ecke, konnte aber zunächst nichts erkennen. Der Wagen stand im Dunkeln, von Mr. Leach war keine Spur zu sehen. Dann bemerkte er einen schwachen Lichtschein auf dem Boden. Die Kellerklappe war geschlossen, aber durch die Ritzen drang etwas Helligkeit nach außen. Angespannt wartete er einige Minuten; umsonst, alles blieb ruhig. Schließlich kroch er zurück.

»Außer daß im Keller Licht brennt, hab' ich nichts gesehen«, berichtete er Schwede.

»Wahrscheinlich hat er alles, was er braucht«, sagte Schwede. »Er ist zweimal zum Wagen gegangen und hat Kisten mit irgendwelchem Material aus dem Kofferraum geholt.«

Neil kroch noch einmal nach vorn und starrte mindestens zehn Minuten ins Dunkel, ohne irgend etwas zu sehen. Dann spürte er plötzlich ein rhythmisches Vibrieren, als ob jemand eine große Maschine angestellt hätte. Er tastete sich zu Schwede zurück. »Hörst du das?« fragte er. »Das heißt, fühlen wäre vielleicht richtiger gesagt.«

Sie legten beide das Ohr an die Betonwand des Kellergeschosses. Kein Zweifel, da unten klopfte oder vibrierte etwas. Es hörte sich an, wie wenn eine schwere Maschine rotierte oder sich in gleichmäßigem Rhythmus auf und ab bewegte.

»Der Teufel soll mich holen, wenn das keine Druckerpresse ist!« sagte Schwede.

»Was meinst du, ob wir durch die Ritze unter der Kellerklappe was sehen können?«

»Glaub' ich kaum«, versetzte Schwede. »Aber ich renn' mal schnell rüber und versuch's.«

Er warf einen raschen Blick um die Hausecke und lief los. In weniger als einer Minute war er zurück.

»Schade, nichts zu sehen. Der Spalt ist zu dicht am Erdboden, als daß man durchgucken könnte.«

Arthur hatte in der ganzen Zeit, seit Mr. Leach da war, nicht aufgehört zu bellen. Anscheinend regte ihn das ungewohnte Klopfgeräusch unten im Keller auf, er machte jedenfalls keine Anstalten, sich zu beruhigen. Schließlich schien das Gebell Mr. Leach auf die Nerven zu gehen. Der Maschinenlärm setzte aus. Neil hörte, wie die Kellertür geöffnet wurde, und flitzte zu Schwede zurück. Eine Flut gelben Lichtes ergoß sich auf den dunklen Hof, als Mr. Leach die Kellertreppe heraufkam. Er ließ die Stahltür hinter sich zufallen und verschwand um die Hausecke.

»Hör schon auf, Arthur, ich bin's«, hörten die Jungen ihn den aufgeregten Hund beruhigen. Gleich darauf ging eine Tür auf und wieder zu, und aus der Küche fiel Licht auf den Hof. Schwede erhob sich; auf den Zehenspitzen stehend, konnte er gerade über den Sims des Küchenfensters sehen.

»Er macht den Eisschrank auf und holt etwas Hundefutter aus einer Büchse«, flüsterte er Neil zu. »Jetzt setzt er Wasser zum Kaffee auf«, beobachtete er weiter.

»Bist du sicher?« fragte Neil.

»Klar, er holt sich Tasse und Untertasse aus dem Schrank«, antwortete Schwede. »Der macht sich 'nen Kaffee.«

»Dann laß uns schnell einen Blick in den Keller werfen!« sagte Neil. »Komm, das schaffen wir gerade.«

»Also los!« willigte Schwede ein.

Sie liefen um die Ecke zum Kellereingang. Neil hob die Deckplatte vorsichtig hoch, ängstlich bemüht, jedes Quietschen zu vermeiden. Ohne eine Sekunde Zeit zu verlieren, stürzte Schwede an ihm vorbei die Stufen hinunter. Neil folgte ihm auf dem Fuße und zog die Tür über seinem Kopf zu.

Am unteren Ende der kurzen Treppe war eine zweite, senkrechte Tür. Sie stand halb offen, so daß das Licht ungehindert nach draußen fiel. Schwede steckte den Kopf in die Öffnung und huschte hinein, wobei er Neil ein Zeichen gab, ihm zu folgen.

Die Jungen fanden sich in einem großen Raum mit Zementfußboden und Neonlicht an der Decke. Beim ersten Blick war ihnen klar, daß die große Maschine in der einen Ecke die Druckerpresse sein mußte. Dicht daneben standen mehrere Schränke und Werkbänke, die Mitte des Raumes nahm ein massiver Tisch ein. Auf der Werkbank neben der Druckerpresse lagen zwei Kartons. Der eine enthielt Büchsen mit Druckfarbe, der andere war voller Papier. Ohne ein Wort zu sagen, liefen die beiden Jungen zur Presse hinüber. Auf einer seitlich angebrachten Lade lag ein ungefähr anderthalb Zentimeter hoher Papierstapel. Die etwa briefpapiergroßen Bogen waren nur im oberen Teil bedruckt, dafür aber konnten Neil und Schwede keinen Augenblick im Zweifel sein, womit. Es waren falsche Zwanzigdollarnoten. Schwede pfiff leise durch die Zähne und starrte Neil mit weit aufgerissenen Augen an.

»Das ist ja noch viel toller als Briefmarken«, sagte Neil im Flüsterton. »Laß uns bloß hier verschwinden.«

Sie hasteten zur Kellertreppe zurück. Im gleichen Moment hörten sie die Küchentür zuschlagen.

»Verdammt, er kommt zurück!« rief Schwede. »Wir sitzen in der Falle.«

Von panischer Angst ergriffen, sahen sie sich nach einem Ausweg um. Plötzlich zeigte Schwede auf eine Tür gegenüber. »Der Heizungsraum, nehm' ich an. Los, da 'rein!«

Sie rasten quer durch den Keller, rissen die Tür auf und fanden sich in einem kleinen, dunklen Raum, in dem es stark nach Öl roch. In dem kurzen Moment, in dem Licht durch die offene Tür hineinfiel, erkannten sie den Heizkessel in der hinteren Ecke und den ovalen Umriß eines eisernen Öltanks. Ohne sich auch nur einen Augenblick lang um die übelriechende Luft zu kümmern, schlossen sie die Tür schnell und leise hinter sich.

Es war keine Sekunde zu früh. Schon hörten sie, wie Mr. Leach mit metallischem Klacken die Kellertür hinter sich zuzog. Die Jungen drückten sich gegen die Wand, um bloß keine Bewegung zu machen. Ihre ganze Angst war, über irgend etwas zu stolpern und sich durch den Lärm zu verraten. Fast eine halbe Stunde lang, so kam es ihnen vor, standen sie mucksmäuschenstill neben der Tür und lauschten angestrengt, was in dem erleuchteten Raum nebenan geschehen würde. Mr. Leach stellte die Druckerpresse wieder an, deutlich konnten sie ihr gleichmäßiges Stoßen vernehmen. Allmählich gewöhnten sich ihre Augen an die fast völlige Finsternis. Die Tür des Heizkellers war nur aus genuteten Brettern zusammengesetzt, paßte aber ziemlich genau in den Türrahmen. Auf dem Fußboden schloß eine primitive Schwelle sie ab, trotzdem sickerte etwas Licht hindurch. Außerdem befand sich unter dem Türknopf ein kleines Loch, entweder für einen Schlüssel oder für eine abhandengekommene Klinke, durch das jetzt ein dünner Lichtstrahl fiel. Als Neil sich an die fremde Umgebung so weit gewöhnt hatte, daß er sich ein paar Schritte zu bewegen wagte, kniete er auf den Boden nieder und spähte durch das Schlüsselloch.

Viel konnte er in dem engbegrenzen Blickfeld nicht sehen. Ab und zu tauchte für einen Moment Mr. Leachs Rükken auf, wenn er von der Druckerpresse zum Mitteltisch hinüberging. Neil erhob sich und winkte Schwede, seinen Platz einzunehmen. Schließlich mußten sie sich jedoch eingestehen, daß sie so nicht viel Neues erfahren konnten, das Schlüsselloch bot einen zu kleinen Ausschnitt.

»Was meinst du, was ist aus seinem Kaffee geworden?«
fragte Schwede Neil flüsternd.

»Keine Ahnung, aber getrunken hat er ihn in der kurzen Zeit bestimmt nicht«, flüsterte Neil zurück. »Was machen wir jetzt?«

»Abwarten«, war Schwedes ganze Antwort.

Es blieb ihnen gar nichts anderes übrig. Während dreier langer Stunden verließ Mr. Leach den Keller keinen Augenblick. Ohne sich eine Pause zu gönnen, arbeitete er an der Druckerpresse. Er unterbrach sich allenfalls, um an der Maschine irgend etwas einzustellen, und druckte dann sofort weiter. Endlich — die Jungen hatten das Gefühl, daß die Nacht fast um war – trat Stille ein im Keller.

Neugierig tasteten sich Neil und Schwede zum Schlüsselloch vor. Soweit sie sehen konnten, war Mr. Leach dabei, nach getaner Arbeit aufzuräumen. Er stellte die beiden Pappkartons auf den Tisch in der Mitte und verstaute sein Arbeitsmaterial in ihnen: mehrere Büchsen, eine Reihe Papierpakete und verschiedene kleine Behälter, deren Inhalt die Jungen nicht erkennen konnten. Dann schichtete Mr. Leach mehrere dicke Stapel bedrucktes Papier aufeinander, schlug sie vorsichtig in braunes Packpapier ein und verschnürte sie mit Bindfaden. Für einige Minuten verloren die Jungen Mr. Leach aus den Augen. Als er zum Tisch zurückkehrte, hatte er zwei Metallplatten in der Hand. Behutsam hüllte er sie zuerst in ein Flanelltuch und steckte sie dann in einen Beutel aus Öltuch, den er fest zuband. Nachdem er den Beutel in einem der Kartons verstaut hatte, packte er andere Arbeitsgegenstände obendrauf. Mr. Leach nahm den vollen Karton und ging zur Tür.

»Was meinst du, sollen wir's riskieren, uns gleich hinter ihm hier herauszuschmuggeln?« fragte Neil flüsternd.

»Bist du verrückt, soll er uns unbedingt sehen?« flüsterte Schwede zurück. »Von der Tür bis zum Kofferraum seines Wagens sind es höchstens fünf Meter.«

Mr. Leach kam zurück und holte den zweiten Karton. Angespannt warteten die beiden Jungen, ob er nach dem Einladen seiner Sachen ins Haus hinaufgehen würde, um noch einmal nach dem Hund zu sehen. Ihre Hoffnung war leider vergeblich. Mr. Leach erschien gleich wieder im Keller. Er ging herum und inspizierte alles; offenbar wollte er sich vergewissern, daß er alles so zurückließ, wie er es vorgefunden hatte. Schließlich ging er zur Tür zurück, und der Keller tauchte plötzlich in völlige Dunkelheit. Gleich danach hörten die Jungen, wie die Kellerklappe mit metallischem Klacken zufiel.

»Da ist ein Vorhängeschloß dran!« jammerte Neil.

»Ich weiß«, versetzte Schwede. »Aber vielleicht gibt es noch einen anderen Ausgang.«

Vorsichtig erhoben sich die Jungen aus ihrer Hockstellung und tasteten sich durch die pechschwarze Finsternis zur Eingangstür. Einmal gab es etwas Lärm, als sie an den Tisch in der Mitte stießen. Dann hörten sie das leise Motorgeräusch des Cadillac. Schwede hatte endlich die innere Tür gefunden, er lief die Treppenstufen hinauf und preßte sein Ohr an die äußere Stahltür. Einen Augenblick lauschte er, dann flüsterte er durch die Dunkelheit: »Ich glaub', er ist fort. Aber wir wollen lieber noch eine oder zwei Minuten warten mit dem Lichtmachen. Hast du 'ne Ahnung, wo der Schalter ist?«

»Gleich neben der Tür«, antwortete Neil.

Sie warteten noch mehrere Minuten, dann knipste Neil den Schalter an. Blendende Helligkeit erfüllte den Keller.

Schwede sah auf seine Armbanduhr. »Halb zwei. Dabei hätte ich schwören können, daß es wenigstens vier Uhr sei.«

Neil und Schwede sahen sich in dem großen Raum um. Das Ergebnis war alles andere als ermutigend. Nichts deutete darauf hin, daß der Keller außer der Treppe unter der Stahlklappe noch einen anderen Ausgang hatte.

»Vielleicht konnte man früher von den oberen Räumen

her in den Keller kommen«, sagte Schwede, der die Hoffnung nicht so schnell aufgeben wollte. »Ist doch möglich, daß einmal im Keller selbst eine Treppe war, die entfernt wurde, als der äußere Eingang angelegt wurde.«

»Und was haben wir davon, wenn da mal eine *war*?«

»Nun, in diesem Fall ist der ehemalige Treppenschacht wahrscheinlich mit Brettern zugenagelt worden. Wir brauchten sie dann nur aufzubrechen«, meinte Schwede.

Nach einigem Suchen fanden sie eine Verlängerungsschnur, eine Handlampe und eine Trittleiter. Schwede stieg auf die Leiter und untersuchte die Decke im Keller und ebenso in dem kleineren Heizungsraum Stück für Stück. Aber nirgends fand er eine Stelle, wo man mit einiger Aussicht auf Erfolg ein Brett hätte losstemmen können. Müde, hungrig und mutlos ließen die Jungen sich schließlich auf die beiden Stühle neben dem Tisch fallen.

»Verdammt, wie kommen wir hier bloß raus?« fragte Schwede.

»Mr. Leach kommt auf jeden Fall irgendwann morgen her, um dem Hund zu fressen zu geben«, sagte Neil. »Wir könnten gegen die Decke bumsen und ihn auf uns aufmerksam machen.«

»Jaha, damit er herunterkommt und uns eins auf den Kopf bumst, was? Nee, Mr. Leach ist so ungefähr der letzte, von dem ich hier 'rausgeholt werden möchte.«

»Na ja, Telefon gibt's hier unten keins«, verteidigte Neil sich. »He, wie wär's mit einem Telefonkabel?«

»Und was soll·das nützen, bitte?« fragte Schwede.

»Wenn wir es durchschnitten und die beiden Enden zusammenbrächten, würde dadurch vielleicht jemand bei der Zentrale auf uns aufmerksam.«

So sehr sie nach einem Kabel suchten, es war keines zu finden.

»Oder wir könnten einen Kurzschluß machen«, schlug Neil vor. »Allerdings glaub' ich kaum, daß uns das viel weiterhelfen wird. Mr. Leach würde morgen früh runterkommen und eine neue Sicherung einschrauben.«

»Egal, wir müssen es irgendwie anstellen, daß er in den Keller kommt, und dann hinter seinem Rücken entwischen«, kam Neil noch einmal auf seinen Plan zurück. »Wo ist der Kasten mit den Sicherungen?«

Zu ihrem Leidwesen befand er sich an der Treppe, gleich unter der Stahlplatte. Sie hatten also keine Chance, unentdeckt zu entkommen, wenn Mr. Leach herunterkäme, um die Sicherung auszuwechseln.

»Nun, schlimmstenfalls müssen wir ihm eins über den Kopf hauen und ihn so außer Gefecht setzen«, meinte Schwede.

»Ich hab's noch nie ausprobiert, einen außer Gefecht zu setzen, und ich weiß nicht, wie hart ich zuschlagen kann«, sagte Neil. »Schließlich möchte ich ihn nicht umbringen.«

Sie sprachen noch etwa ein halbe Stunde weiter, aber es fiel ihnen kein besserer Plan ein. Endlich kamen sie zu dem Entschluß, daß sie bis zum nächsten Morgen doch nichts tun könnten. Sie breiteten ein paar alte Zeitungen, die sie auf einer der Werkbänke fanden, auf den Boden, machten alle Lichter außer einem kleinen in der Ecke aus und legten sich schlafen.

Das Rauchsignal

Neil erwachte kurz nach sieben Uhr, mit steifen Gliedern und knurrendem Magen. Er streckte sich und versuchte, indem er auf und ab ging, die verkrampften Muskeln zu lokkern. Dann machte er etwas mehr Licht und fing an, den großen Raum noch einmal zu untersuchen, ob ihnen vielleicht in der Nacht etwas entgangen war. Er ging zur Kellertreppe und stemmte sich ohne Erfolg gegen die Stahltür.

Mit aller Kraft konnte er sie zwar in der Mitte ein paar Zentimeter anheben, aber der schwere Eisenriegel verhinderte jede weitere Bewegung. Immerhin öffnete sich ein schmaler Lichtspalt, und das gab ihm neue Hoffnung.

Neil kehrte in den Hauptraum zurück und sah sich nach irgendeinem Stemmwerkzeug um. Vielleicht war es möglich, mit einer Brechstange den Riegel aufzusprengen.

Die Schränke und Werkbänke neben der Druckerpresse hatten mehrere Schubladen. In einer von ihnen fand Neil eine Menge Schraubenschlüssel, Kneifzangen und andere Werkzeuge, aber das war natürlich alles viel zu klein, um damit der Eisenplatte zu Leibe zu rücken. Als nächstes öffnete er die kleinen Türen im Unterteil eines der Schränke und entdeckte, daß er ganz mit sauber aufeinandergestapelten flachen Gegenständen gefüllt war, jeder sorgfältig in Tuch eingewickelt. Neil packte den obersten aus, hielt ihn ans Licht und stieß einen leisen Pfiff aus.

»Was ist los?« fuhr Schwede hoch. »Mann, bin ich steif!« brummte er.

»Steif und ziemlich schwach im Magen, was?« begrüßte ihn Neil. »Sieh mal, was ich hier gefunden habe. Die Druckplatten für die Briefmarken!«

Das brachte Schwede im Nu auf die Beine. Er hielt die Platte auch ans Licht und betrachtete sie kritisch.

»Klar, die Marke da erkenn' ich wieder. Die war in dem Beutel, den wir Myrtle geschenkt haben.«

Sie untersuchten noch ein paar Platten, alle waren sie für den Druck von Briefmarken bestimmt. Insgesamt enthielt der Schrank mehr als fünfundzwanzig Druckplatten. Die Jungen wickelten die, die sie herausgenommen hatten, wieder ein und legten sie sorgfältig an ihren Platz zurück.

»Mr. Leach kommt also in Mr. Delmonicos Abwesenheit hierher und druckt Falschgeld«, überlegte Schwede. »Und die Druckplatten nimmt er anschließend wieder mit. Das heißt, Mr. Delmonico weiß wahrscheinlich nichts von dem

Geld, wie er andererseits von den Briefmarken bestimmt weiß.«

»Muß wohl so sein«, gab Neil zu. Er wollte immer noch nicht so recht daran glauben, daß Mr. Delmonico überhaupt etwas mit dem Fälschen zu tun hatte.

Schwede ging zur Tür und knipste das Neonlicht an der Decke an. Neil erriet, was er vorhatte. »Ich habe bereits alles nochmal untersucht und nichts Neues gefunden.«

»Dann laß uns doch mal den Heizungsraum näher ansehen«, schlug Schwede vor. Er steckte die Verlängerungsschnur in die Steckdose, um mehr Licht zu haben, und untersuchte ein zweites Mal die Wände und die Decke in dem kleinen Raum.

»Es gibt nur zwei Möglichkeiten, hier 'rauszukommen«, sagte Schwede schließlich, »durch die Tür oder durch den Kamin. Und um Christkind zu spielen und durch den Kamin zu gehen, sind wir beide schon ein bißchen zu groß.«

Neil nahm die Schnur mit der Handlampe und untersuchte den Kamin von allen Seiten. Ein kurzes verzinktes Rohrstück führte von dem Ölofen zu einem Loch im Kaminsockel; mit seinem vorderen Ende steckte es in einer Metallmanschette von etwa fünfundzwanzig Zentimeter Durchmesser. Es war natürlich kein Gedanke daran, daß einer der Jungen da durchschlüpfen konnte, gleichgültig, wie breit der Kamin weiter oben war.

»Was ist das?« fragte Neil und zeigte auf eine tellerförmige Klappe seitlich an dem Abzugsrohr.

»Das Zugregulierungsventil«, erklärte Schwede. Er tippte mit dem Zeigefinger an die Klappe. Sie schwang auf und fiel wieder zu. »Sie hat unten ein Gewicht; wenn zuviel Zug im Kamin ist, öffnet sie sich, so daß Luft von unten einströmt. Wenn dagegen der Ofen plötzlich zu stark brennt, schließt der Druck die Klappe, sonst wäre der ganze Keller voller Ruß.«

Neil hielt mit der linken Hand das Ventil auf, fuhr mit

der rechten in die Öffnung und schabte mit den Fingern an der Innenseite des Rohres. Als er die Hand herauszog, waren die Fingerspitzen von Ruß geschwärzt.

»Der Ofen muß ganz schön qualmen«, sagte Schwede. »Braucht wahrscheinlich dringend 'ne Reinigung.«

Neil hatte eine Idee: »Wenn wir die Heizung an- und abstellen könnten, so daß sich Rauch entwickelt, könnten wir vielleicht Rauchsignale geben.«

»Und wer soll die sehen?« fragte Schwede.

»Mr. Adler zum Beispiel. Hat er nicht gesagt, daß er sonntags immer herkommt?«

»Ja, aber ich glaube nicht vor zehn Uhr. Doch im Ernst, das ist keine schlechte Idee. Wir könnten ein SOS-Signal mit Rauchwölkchen geben — kurz kurz kurz, lang lang lang, kurz kurz kurz. Wenn Mr. Adler es nicht sieht, sieht es vielleicht jemand anders.«

Die Temperatur der Heizung wurde durch einen Thermostat kontrolliert, der sich irgendwo in den oberen Räumen befand. Wenn Schwede sich auch mit Ölheizungen etwas auskannte und die Leitung vom Thermostat zum Ölofen fand, so wußte er doch über das elektrische Schaltschema nicht genügend Bescheid und wollte lieber keine Experimente machen.

»Es muß hier im Keller wärmer sein als oben im Kamin«, stellte Neil fest, als er das Klappventil öffnete. »Du kannst fühlen, wie es vom Keller her hineinzieht.«

Schwede hielt die Hand vor die Öffnung. »Du hast recht. Wenn wir ein Stück Zeitung oder was ähnliches hätten und es langsam vergokeln würden, könnten wir es vor die Öffnung halten und die Klappe abwechselnd auf und zu machen.«

»Wahrscheinlich verräuchern wir aber damit den ganzen Heizkeller«, meinte Neil.

»Ist doch egal — Hauptsache, jemand sieht unser Signal.«

Die Jungen gingen in den Hauptkeller zurück und suchten nach einer Zeitung. Sie nahmen mehrere Blätter, knüllten sie zusammen und feuchteten sie im Ausguß an der Ecke an. Dann wickelten sie trockenes Zeitungspapier darum und gingen in den Heizungskeller zurück, um einen Versuch zu machen. Der Erfolg übertraf alle ihre Erwartungen. Die improvisierte Zeitungsfackel qualmte fürchterlich. Es verging keine Minute, da mußten sie schon aus Leibeskräften husten und spucken. Sie hielten das brennende Papier nahe an das Abzugsrohr und schickten, so gut sie es konnten, ihr Signal durch den Kamin: dreimal kurz, dreimal lang, dreimal kurz. Es gelang ihnen noch ein zweites Mal, dann mußten sie ihre Zeitungsfackel austreten, bevor das weiterschwelende Feuer ihnen die Fingerspitzen versengte. Neil und Schwede kehrten, die Tür zum Heizkeller sorgfältig hinter sich schließend, in den Hauptraum zurück, um etwas frische Luft zu schnappen.

»Gott sei Dank, die Tür schließt ziemlich fest!« keuchte Schwede. »Hier riecht man kaum etwas von dem Rauch.«

Es war kurz nach acht. Sie beschlossen, mit der Wiederholung ihres Versuches lieber bis wenigstens zehn Uhr zu warten. Zu diesem Zeitpunkt bestand einige Aussicht, daß Mr. Adler in der Nähe war, und Mr. Leach, der sicher bald kommen würde, wäre dann schon wieder fort.

Kurz nach neun Uhr hörten sie, wie draußen ein Auto vorfuhr. Gleich danach fing Arthur fürchterlich zu bellen an, und in der Küche über ihnen waren Schritte zu vernehmen.

»Also, was machen wir jetzt? Ihn veranlassen herunterzukommen oder warten und es nachher mit dem Rauchsignal versuchen?« fragte Schwede zweifelnd. »Nur, wenn es keiner sieht, sitzen wir bis heute abend hier drin.«

»Trotzdem, ich bin für das Rauchsignal«, erwiderte Neil entschlossen.

Mucksmäuschenstill saßen sie in ihrem Kellerversteck, jeden Augenblick bereit, im Heizraum zu verschwinden, falls sie Mr. Leach an der Kellertür hören würden. Aber er kam nicht. Offensichtlich gab er Arthur zu fressen, ließ ihn draußen etwas herumlaufen und schloß ihn dann wieder in der Küche ein. Sein Auto mußte Mr. Leach in der Einfahrt, ein ganzes Stück vom Keller entfernt, geparkt haben, denn die Jungen konnten kein Abfahrtgeräusch hören. Sie warteten noch ungefähr eine Viertelstunde ab, dann glaubten sie ziemlich sicher sein zu können, daß er fort war.

Die Minuten schlichen unglaublich langsam dahin. Schließlich zeigte Neils Armbanduhr zehn Uhr fünfzehn. Der Augenblick war gekommen. Schwede machte drei Fakkeln zurecht, dann gingen die Jungen in den Heizraum hinüber und machten die Tür gut hinter sich zu.

Mit der ersten Fackel schafften sie gerade eine volle Serie von Signalzeichen — kurz kurz kurz, lang lang lang, kurz kurz kurz. Nachdem sie im Hauptraum fünf Minuten lang frische Luft geschöpft hatten, wiederholten sie das Ganze. Gegen zehn Uhr fünfundvierzig hatten sie fünf Signalserien ausgesandt. Inzwischen hatte sich das ganze Kellergeschoß mehr und mehr mit Rauchschwaden gefüllt.

»Ich sperr' mal das Ventil auf, vielleicht zieht der Qualm dann in den Kamin ab«, sagte Schwede.

Es half etwas, trotzdem zogen sich die beiden Jungen in den Kellereingang zurück. Sie preßten sich gegen die Eisenplatte, bis es ihnen gelang, einen Schraubenschlüssel darunterzustemmen und einen winzigen Spalt offenzuhalten. Sie konnten spüren, wie frische Luft von draußen hereinströmte.

»Die Luft ist hier oben besser, und wir müssen sowieso hierbleiben, falls jemand unser Signal gesehen hat«, sagte Neil.

Schweigend saßen sie ungefähr fünf Minuten und atmeten die frische Luft ein. Dann hörten sie plötzlich draußen eine Stimme:

»Hallo! Ist da wer im Haus?«

»Ja, hier!« brüllte Neil. Mit einem Ruck riß Schwede den Schraubenschlüssel unter der Eisenplatte weg und hämmerte mit ohrenbetäubendem Krach auf sie ein.

»Wo, hier?« rief die Stimme zurück.

»Im Keller!« schrie Neil, während Schwede die Tür weiter bearbeitete.

»Ist irgendwas nicht in Ordnung?« erkundigte sich die Stimme nun schon aus größerer Nähe.

»Sind Sie's, Mr. Adler?« schrie Neil.

»Ja. Wer ist denn da unten?«

»Neil Lambert und Schwede Larsen«, antwortete Neil. »Wir sind im Keller eingeschlossen.«

Mr. Adler kam näher und kniete sich offenbar neben der Eisenplatte auf den Boden. Die Jungen konnten seine Stimme jetzt ganz dicht neben sich hören. »Wie kommt ihr zwei denn da rein?«

»Wir sind gestern abend hergekommen, um draußen zu kampieren und Mr. Leach zu beobachten«, erklärte Neil. »Er ging hier in den Keller hinunter. Als er ihn für ein paar Minuten verließ, haben wir uns eingeschlichen und sitzen jetzt in der Falle.«

»Du meinst, er hat euch mit voller Absicht eingeschlossen?« fragte Mr. Adler.

»Nein, er weiß gar nicht, daß wir hier drin sind«, berichtigte Neil ihn.

»Und wir legen auch nicht den geringsten Wert darauf, daß er es erfährt«, fügte Schwede hinzu. »Wir haben ihn dabei beobachtet, wie er Falschgeld druckte. Wir möchten ihn der Polizei melden, bevor er etwas von uns erfährt.«

»Nun, das ist gar nicht so einfach«, meinte Mr. Adler nachdenklich. »Die einzige Möglichkeit, dieses Schloß aufzukriegen, ist mit einer Eisensäge oder einem Schneidbrenner. In beiden Fällen wird er merken, daß irgend jemand daran herumgebastelt hat. Außerdem hab' ich gar kein Werkzeug bei mir.«

»Er hat heute morgen den Hund versorgt«, sagte Neil.
»Ich glaube nicht, daß er vor heute abend wiederkommt.«

»Wenn Sie Polizeichef Bricker in Belleville benachrichtigen könnten — der wird schon wissen, was zu tun ist. Er weiß Bescheid, daß hier irgendeine Geldfälscherei im Gange ist.«

»Ja, es ist wohl das beste, ich fahre nach Belleville«, überlegte Mr. Adler. »Hoffentlich könnt ihr beiden es noch ein Weilchen aushalten.«

»Na, schön ist es nicht gerade, aber es läßt sich ja nun mal nicht ändern«, meinte Neil.

»Sie haben nicht zufällig was zu essen bei sich?« fragte Schwede. »Wir sterben nämlich vor Hunger.«

»Nur 'ne Tafel Schokolade«, erwiderte Mr. Adler. »Die könnt ihr gern haben. Wenn ich nur wüßte, wie ich sie zu euch hineinkriegen soll.«

»Wir heben die Tür etwas an, und Sie schieben sie unten durch«, sagte Schwede.

Die Jungen stemmten sich gegen die Stahlplatte, und im gleichen Augenblick wurde der Rand einer Tafel Schokolade sichtbar. Schwede streckte eine Hand aus und bekam sie zwischen Mittel- und Zeigefinger zu fassen.

»Vielen Dank!« rief er und zog die Tafel herein.

Mr. Adler entfernte sich, und Neil und Schwede gingen in den Kellerraum zurück. Er war noch immer ziemlich verqualmt, wenn auch nicht mehr ganz so schlimm wie am Anfang. Die Jungen brachen die Schokolade in zwei Hälften und verschlangen sie heißhungrig.

Da sie es in dem Rauch auf die Dauer nicht aushalten konnten, gingen sie doch wieder zum Kellereingang, klemmten die Eisenplatte die ein oder zwei Zentimeter auf, die sie bestenfalls nachgab, und warteten sitzend. Diesmal war ihnen schon bedeutend hoffnungsvoller zumute.

Kurz vor zwölf Uhr hörten sie einen Wagen auf den Hof fahren. Sie sprangen auf, um — für den Fall, daß es

Mr. Leach war — in den Heizraum zu verschwinden. Bei dem Gedanken an den Rauch im Keller kamen ihnen allerdings Zweifel, ob es überhaupt einen Sinn hatte, sich zu verstecken. Mr. Leach würde sicher auch im Heizkeller nachsehen. Gott sei Dank war ihre Besorgnis unbegründet, denn im nächsten Augenblick klopfte es mehrmals an die Stahlplatte, und eine Stimme rief: »Seid ihr noch da?«

»Ja«, antwortete Schwede. »Aber wir wären schon längst weg, wenn wir nur wüßten, wie wir hier herauskommen.«

»Ich bin Mr. LeBon«, sagte die Stimme. »Ich habe einen Schlosser mitgebracht, der jetzt versuchen wird, das Schloß zu öffnen. Es wird vielleicht noch ein paar Minuten dauern.«

Neil und Schwede hörten, wie der Schlosser an dem Vorhängeschloß arbeitete. Sie konnten es vor Ungeduld kaum aushalten. Endlich, nach fast fünf Minuten, verkündete ein erlösendes Knacken: Geschafft!

Eine Sekunde später flog die Tür auf. In der Öffnung stand Mr. LeBon, neben ihm ein Mann mit einem gewaltigen Schlüsselbund und ein weiterer, der Neil und Schwede unbekannt war.

»Nun kommt erst mal 'raus und schnappt ein bißchen frische Luft«, begrüßte Mr. LeBon die beiden Jungen. »Anschließend begleitet ihr uns dann bitte nochmal mit hinunter. Wir müssen uns beeilen, und wir dürfen keine Spuren hinterlassen.«

»Es geht schon wieder«, sagte Neil. »Wir können gleich mit Ihnen kommen.«

Neil und Schwede folgten Mr. LeBon und dem Unbekannten in den Keller. Ohne ein Wort zu sprechen, begannen die beiden Männer die gesamte Einrichtung des Raumes zu inspizieren.

Neil zeigte auf den einen der Schränke: »Da drin ist ein ganzer Stapel Briefmarken-Druckplatten.«

Die Männer untersuchten schnell, aber gründlich die Druckerpresse, warfen kurz einen Blick auf die Büchsen mit der Druckfarbe und das übrige Arbeitsmaterial in dem Schrank und dem Regal über der Werkbank und wickelten dann, wie Neil und Schwede es getan hatten, einige der Druckplatten aus.

»Der junge Mann, der vorhin auf die Polizeiwache kam, sagte, ihr hättet in der vergangenen Nacht einen Mann beim Drucken von Falschgeld beobachtet.«

»Das stimmt. Es waren Zwanzigdollarnoten«, antwortete Neil.

»Habt ihr gesehen, was er mit den Druckplatten gemacht hat?« fragte Mr. LeBon.

»Die hat er mitgenommen. Wir sahen, wie er sie auf dem Tisch da einpackte. Wir waren im Heizkeller versteckt und haben ihn durch das kleine Loch in der Tür beobachtet.«

»Und was ist mit diesen Platten?« fragte Mr. LeBon und wies mit einer Hand auf die Stapel in dem Schrank. »Sind da auch welche für Falschgeld dabei?«

»Keine Ahnung«, erwiderte Neil. »Wir haben nur die drei obersten angesehen. Möglich, daß welche dabei sind, aber bestimmt sind es nicht die, die Mr. Leach letzte Nacht benutzt hat.«

Mr. LeBon und der Unbekannte, der offenbar sein Assistent war, prüften mit routinierter Gründlichkeit jede Druckplatte im Schrank. Eine nach der anderen nahmen sie sie heraus, wickelten sie aus und wieder ein. Als sie mit allen durch waren, legten sie sie Stück für Stück in den Schrank zurück. Alles ging schnell, sachlich und ohne daß ein Wort dabei fiel. Sie falteten sogar das Tuch jedesmal genau so, wie es gewesen war. Neil und Schwede schauten ihnen bewundernd zu.

»Habt ihr sonst irgend etwas hier drin verändert?« fragte Mr. LeBon.

»Nein, in diesem Raum nicht«, antwortete Schwede.

»Die beiden Stühle standen genau da, wo sie jetzt stehen. Wir haben nur ein paar alte Zeitungen zum Verbrennen weggenommen, und im Heizraum liegt noch etwas Asche von ihnen auf dem Boden.«

»Gut, die wollen wir lieber auffegen«, sagte Mr. LeBon. »Und wir sollten wohl mal gründlich durchlüften. Wir kriegen den Rauchgeruch vielleicht nicht ganz heraus, aber doch wenigstens zum größten Teil.«

Mr. LeBons Assistent brauchte keine näheren Instruktionen. Er holte Besen und Kehrblech aus der Ecke und fegte den Boden im Heizkeller sauber, während Neil mit Hilfe der Verlängerungsschnur für die nötige Beleuchtung sorgte.

»Na, wie sieht es aus?« fragte der junge Mann, als er mit dem Fegen fertig war.

»Ohne dieses zusätzliche Licht ist es hier drinnen ziemlich düster; ich glaub' nicht, daß Mr. Leach etwas merkt«, antwortete Schwede.

Sie rollten die Verlängerungsschnur zusammen und hängten sie an ihren früheren Platz, stellten Besen und Kehrblech in die Ecke zurück und machten sämtliche Türen weit auf.

»Schön«, sagte Mr. LeBon, als sie alle draußen vor dem Kellereingang standen, »wir müssen die Türen mindestens eine Stunde lang offenlassen, damit Luft in den Keller kommt. Das Risiko, daß er in der Zwischenzeit zurückkommt, müssen wir eben eingehen. Wie lange werden Sie brauchen, Hank?«

»Ungefähr eine Stunde«, erwiderte der Angeredete.

»Wo finde ich Sie, wenn ich wiederkomme?«

»Fahren Sie, ohne anzuhalten, am Haus vorbei«, sagte Mr. LeBon. »Ich warte auf Sie ein Stück weiter die Straße hinunter.«

»Ungefähr zweihundert Meter von hier ist eine neue Brücke«, warf Schwede ein. »Sie ist vom Haus aus nicht zu sehen.«

»Gut, dann treffen wir uns bei der Brücke«, entschied Mr. LeBon. »Halt, einen Moment noch«, fügte er hinzu.

Er wandte sich den Jungen zu und fragte: »Wann erwarten euch eure Eltern zurück?«

»Vor drei oder vier Uhr nachmittags machen sie sich keine Sorgen um uns«, antwortete Neil. »Wir haben ihnen gesagt, daß wir ein Nachtlager im Freien machen.«

»Das einzige ist, daß sonntags bei uns gegen drei Uhr gegessen wird.« Schwede konnte einen sehnsüchtigen Seufzer nicht unterdrücken. »Ich sterbe vor Hunger.«

»Du lieber Gott, das hätte ich beinahe vergessen«, fiel es Mr. LeBon ein. »Ich hab' euch doch was zu essen mitgebracht.« Er ging zum Wagen und nahm eine braune Papiertüte heraus. Der Mann, den er mit »Hank« angeredet hatte, fuhr nach Belleville los.

»Wo habt ihr denn euer Lager?« fragte Mr. LeBon.

»Da oben am Waldrand; von dort konnten wir das Haus am besten beobachten«, antwortete Neil.

»Dann gehen wir jetzt, schlag' ich vor, dorthin, während ihr das hier aufeßt. Und währenddessen könnt ihr mir alles erzählen.«

Zu dritt gingen sie zu dem Platz am Waldrand und ließen sich dort nieder. Das Haus hatten sie von hier aus gut unter Kontrolle. Mr. LeBon hatte für jeden zwei Schinken- und Käsebrötchen und ein großes Stück Apfelkuchen mitgebracht.

»Ich war gerade auf der Polizeiwache und unterhielt mich mit Polizeichef Bricker, als euer Freund Jim Adler kam«, begann Mr. LeBon.

»Wo ist überhaupt Mr. Adler jetzt?« erkundigte sich Schwede.

»Er ist gleich nach New Brunswick weitergefahren. Er sagte, er hätte eine Verabredung, die er versäumen würde, wenn er noch mit uns hier herausfahren würde. Es täte ihm leid, daß er nicht mit zurückkommen und dabeisein könne, wenn wir euch aus dem Keller holen. Seinen Worten entnahm ich, daß ihr ihn einmal vor irgendeinem wilden Tier gerettet habt.«

»Ach so, er meint den Widder«, sagte Neil lachend. »Also, so schrecklich wild war der eigentlich nicht, höchstens ein bißchen bösartig.«

»Nun, jedenfalls hatte ich ein Gespräch mit Mr. Adler, und er versprach mir, daß er über alles, was hier draußen passiert ist, keinem etwas sagen wird«, fuhr Mr. LeBon fort. »So, und nun erzählt mal der Reihe nach.«

Abwechselnd schilderten Neil und Schwede, wie sie die Bekanntschaft Mr. Delmonicos gemacht hatten und in den Besitz der roten Zwanzigdollarnote gekommen waren, die sie Mr. LeBon zugesandt hatten. Sie schlossen ihre Erzählung mit dem Bericht ihres Kellerabenteuers.

»Ich wünschte, wir hätten wenigstens eine von den Falschgeldnoten, die dieser Mr. Leach letzte Nacht gedruckt hat«, sagte Mr. LeBon. »Aber ich könnte mir vorstellen, daß sie von derselben Druckplatte stammen wie der Geldschein, den ihr mir geschickt habt. Nebenbei gesagt, der war hervorragende Arbeit, wie wir durch sorgfältige Untersuchung festgestellt haben. Das Falschgeld, das von dieser Bande, hinter der ich her bin, in Umlauf gesetzt wurde, ist zweifellos mit diesen Druckplatten hergestellt worden.«

»Und was ist mit den Worten, die quer über den Geldschein gedruckt waren?« wollte Schwede wissen.

»Das ist nur ein Aufdruck«, erklärte Mr. LeBon. »Der Schein ist ein zweites Mal durch die Presse gegangen. Man kann eine Banknote mit jedem beliebigem Text überdrukken.«

»Nur, eins versteh' ich nicht«, sagte Neil. »Warum hat uns Mr. Delmonico das alles erzählt und uns noch obendrein eine Falschnote geschenkt, wenn er einem Geldfälscherring angehört?«

»Nun, es ist gut möglich, daß er durchaus harmlos ist«, antwortete Mr. LeBon vorsichtig. »Vielleicht hat sein Neffe sich der Druckplatten bemächtigt, und Mr. Delmonico weiß überhaupt nichts von der ganzen Falschgeldgeschichte. Die Tatsache, daß Leach nachts heimlich herkommt und in Mr. Delmonicos Abwesenheit Geld druckt, weist allein schon in diese Richtung.«

»Was werden Sie jetzt tun?« fragte Schwede.

»Das ist es eben, was ich mit euch besprechen wollte«, erwiderte Mr. LeBon. »Ich werde euch jetzt mal mit ein paar Worten erzählen, wie man einen Geldfälscherring sprengt. Als erstes muß man herausbekommen, wer der Chef der Bande ist. Offensichtlich gehört dieser Leach zu den entscheidenden Leuten. Aber wir wollen sichergehen, daß wir bei einer Verhaftung alle auf einmal kriegen. Das zweite ist, daß wir unbedingt diese Druckplatten haben müssen. Das ist außerordentlich wichtig; denn wenn man nur einen oder zwei von der Bande faßt, ohne gleichzeitig die Platten sicherzustellen, kann irgendein Komplize mit ihnen weitermachen, und unsere ganze Arbeit geht von vorn los. Und die dritte Schwierigkeit besteht darin, den Verteilerring auffliegen zu lassen. Ich nehme an, daß Leach, wenn er zwei Nächte an der Druckerpresse gearbeitet hat, genug Falschgeld fabriziert hat, um seine Mittelsmänner überall im Lande zu beliefern. Es scheint sich um einen ziemlich ausgedehnten Ring zu handeln, beträchtliche Mengen falscher Dollarnoten sind in einer so weit südlich gelegenen Stadt wie Atlanta im Staate Georgia aufgetaucht. Worauf es vor allem ankommt, ist, daß wir so unauffällig wie möglich vorgehen, damit Leach nicht vorzeitig Verdacht schöpft. Wir wollen, daß er selber uns auf die Fährte der anderen wichtigen Bandenmitglieder bringt, so daß wir im richtigen Augenblick alle zusammen verhaften können.«

»Sie meinen, Sie wollen ihn vorläufig noch frei laufen

lassen und zusehen, was er mit dem Geld anfängt?« fragte Neil.

»Genau das«, bestätigte Mr. LeBon. »Zumindest an einige seiner Mittelsmänner soll er es noch verteilen. Bevor wirklich größere Mengen in Umlauf kommen, sind wir so weit, daß wir zupacken können. Das Wichtigste, worum wir euch beide bitten, ist, daß ihr zu niemand von eurem Verdacht und euren Beobachtungen in der vergangenen Nacht sprecht. Ihr wart uns bisher eine große Hilfe, und ich muß ehrlich gestehen, bis heute morgen wußte ich in der ganzen Sache nicht recht weiter. Im Augenblick helft ihr uns am besten, wenn ihr mit niemand darüber redet.«

»Auch nicht mit unseren Eltern?« fragte Schwede.

»Nein, auch nicht mit euren Eltern«, antwortete Mr. LeBon. »Je weniger Leute von einem Geheimnis wissen, desto sicherer ist es aufgehoben. Weiß außer euch beiden sonst jemand von der Sache?«

»Ja, Myrtle Cavanaugh«, erwiderte Neil. »Sie ist das Mädchen, das im Haus neben Mr. Leach wohnt. Von der letzten Nacht weiß sie nichts, aber sie hat uns als erste gesagt, daß die Briefmarken Fälschungen sind. Sie weiß, daß wir Mr. Leach im Verdacht haben.«

»Gut, ich werde mit ihr sprechen«, sagte Mr. LeBon. »Es wird uns jedenfalls die Arbeit sehr erleichtern, wenn im Nachbarhaus Leute wohnen, die uns helfen können.«

Die Jungen hatten zu Ende gegessen und packten ihre Campingausrüstung zusammen. Zu dritt kehrten sie zu Mr. Delmonicos Haus zurück. Der Rauch war aus dem Keller abgezogen, wenn sich auch der Geruch noch nicht ganz verflüchtigt hatte.

»Ich bin überzeugt, der wird auch noch vergehen«, sagte Mr. LeBon. »Sehen wir drinnen noch einmal nach, ob alles normal aussieht.«

Sie konnten nichts entdecken, wodurch Mr. Leach hätte Verdacht schöpfen können. Mr. LeBon schloß die Tür sorgfältig zu, dann machten sie sich auf den Weg zu der Brücke.

Sie mußten ungefähr zehn Minuten warten, bis Mr. LeBons Assistent mit dem Wagen kam. Mr. LeBon gab ihm einige Anweisungen und trug ihm auf, mit dem anderen Mann, der Mr. Delmonicos Haus beobachtete, dazubleiben. Er selbst fuhr mit Neil und Schwede nach Belleville zurück.

»Falls ihr nicht glaubt, daß eure Eltern sich um euch Sorgen machen, würde ich gern für ein paar Minuten bei den Cavanaughs vorbeifahren. Ich möchte, daß ihr mich mit Mr. Cavanaugh und Myrtle bekannt macht.«

Der Himmel hatte sich unterdessen bezogen, und es war ziemlich trübe und kühl geworden. Es war schon nach halb drei, als sie vor dem Haus der Cavanaughs ankamen. Sie klingelten, und Myrtle öffnete ihnen. Mrs. Cavanaugh hatte sich ein wenig hingelegt, aber Mr. Cavanaugh war in seinem Arbeitszimmer, wohin Myrtle die Besucher führte. Mr. LeBon stellte sich kurz vor und erklärte den Grund seines Kommens.

»Ist ja toll!« rief Myrtle begeistert. »Stellt euch vor, richtige, waschechte Geldfälscher! Wenn alles vorbei ist, mache ich einen Song darüber, wie sie gefangen und gehängt wurden.«

»Ich glaube nicht, daß Geldfälscher heutzutage noch gehängt werden, Myrtle«, sagte Mr. Cavanaugh sanft. »Wie kommt es nur, daß du so blutrünstig bist?«

»Ich bin nicht wirklich blutrünstig«, erklärte Myrtle, »aber hängen reimt sich so schön. Zum Beispiel auf sengen, mengen, längen, sprengen.«

»Deinen Song kannst du später dichten«, sagte Mr. Cavanaugh. »Jetzt laß mal Mr. LeBon erklären, was er von uns möchte.«

»Vielen Dank, Mr. Cavanaugh. Meine erste Frage ist: Wissen Sie, wo Mr. Leach im Augenblick ist?«

»In seinem Haus«, antwortete Myrtle, bevor ihr Vater noch etwas sagen konnte. »Auf Neil und Schwedes Bitte beobachtete ich ihn dauernd.« Sie zog ein Notizbuch heraus und las vor: »L. verließ das Haus im Wagen um 17.53 und kam um 18.48 zurück. Um 20.52 fuhr L. ein zweites Mal weg und kam irgendwann nach Mitternacht heim. Wann, weiß ich nicht genau, weil ich müde wurde und einschlief.« Sie blätterte eine Seite weiter: »Heute morgen verließ L. das Haus um 9.15 und kam schon nach ein paar Minuten wieder. Seitdem hat er das Haus nicht verlassen.«

»Alle Achtung, ihr beiden habt eine tüchtige Assistentin!« sagte Mr. LeBon anerkennend zu den Jungen. »Meine Leute hätten keinen besseren Bericht machen können. Unter diesen Umständen bin ich nur froh, daß ich zum Geheimdienst und nicht zu den Geldfälschern gehöre.«

»Wünschen Sie, daß ich noch weiter Buch führe, wann Mr. Leach kommt und geht?« fragte Myrtle.

Mr. LeBon grinste freundlich. »Ich werd' dir ein paar Leute zur Unterstützung schicken.« Dann wandte er sich an Mr. Cavanaugh: »Wäre es möglich, daß Ihr Haus unseren Leuten für kurze Zeit zur Verfügung steht? Ich möchte Mr. Leach Tag und Nacht unter Kontrolle behalten. In einem Wohnviertel wie diesem läßt sich das ziemlich schwer durchführen, ohne aufzufallen. Man kann ihm schlecht ein Polizeiauto mit ein paar Männern drin vors Haus stellen. In der Innenstadt wäre das kein Problem.«

»Selbstverständlich habe ich nichts dagegen«, erwiderte Mr. Cavanaugh. »Ihre Leute können in meinem Haus und Garten nach Belieben aus- und eingehen. Wahrscheinlich wäre es am unauffälligsten, wenn sie so täten, als wären sie Gäste von mir.«

»Ich fürchte nur, es wird Ihnen mehr Unbequemlichkeiten machen, als Sie jetzt glauben«, sagte Mr. LeBon. »Es würde sich um zwei oder drei Mann handeln. Aber wenn es Ihnen recht ist, schick' ich jemand aus der Stadt mit den nötigen Lebensmitteln zu Ihnen hinaus, so daß sie sich selbst verpflegen können.«

»Das Kochen will ich schon machen«, mischte sich Myrtle ein. »Meiner Mutter geht es nicht sehr gut im Moment. Aber schicken Sie auf jeden Fall jemand, der Gitarre spielt!«

Was macht man mit einem Aal?

Die folgende Woche verging sehr langsam. Mr. LeBons Männer beobachteten fortgesetzt das Leach'sche Haus und vermutlich auch das von Mr. Delmonico. Eines war leider nicht zu übersehen: Der Geheimdienst dachte gar nicht daran, die Carson Street Detektiv Agentur über sein Vorgehen auf dem laufenden zu halten. Neil und Schwede machten zweimal den Versuch, Myrtle anzurufen. Aber sie tat jedesmal sehr geheimnisvoll, und es war nichts aus ihr herauszukriegen. Daraus konnten sie ihr nicht einmal einen Vorwurf machen. Sicher hatte sie strenge Anweisung, am Telefon kein Wort über den Fälscherring zu sagen. Am Mittwochmorgen hielten die Jungen es vor Neugier nicht mehr aus und fuhren zu Myrtle hinaus.

»Sie benehmen sich nicht im geringsten wie Leute vom Secret Service«, berichtete Myrtle, als sie mit einer Flasche Cola im Garten saßen. »Der Dicke mit den rötlichen Haaren, der morgens um acht zum Dienst kommt, kocht für sein Leben gern. Die meiste Zeit verbringt er damit, für unsere Familie Frühstück zu machen. Ich lerne viel von ihm, wie man Omeletts und Heidelbeertörtchen macht. Mann, macht der gute Heidelbeertörtchen! Ich hab' beschlossen, wenn ich mal heirate, muß es ein Mann sein, der kochen kann!«

»Na, mit dem Heiraten kannst du wohl noch 'n Momentchen warten«, sagte Neil. »Mich interessiert im Augenblick, ob es außer Heidelbeertörtchen etwas Neues gibt.«

»Nicht viel«, erwiderte Myrtle. »Mrs. Leach und Mr. Delmonico kamen Montagabend gegen acht Uhr zurück. Mr. Leach fuhr seinen Onkel nach Hause und kam ungefähr eine halbe Stunde später allein wieder. Dienstagmorgen, also gestern, verließ er das Haus mit einem großen Koffer und einer Aktentasche und fuhr in seinem Cadillac fort. Mrs. Leach blieb zu Hause und ist, soweit ich weiß, immer noch drüben.«

»Vermutlich fahren Leute vom Secret Service hinter Mr. Leach her«, meinte Neil. »Solange er seine Tour macht, wird wahrscheinlich gar nichts passieren.«

»Und *hier* wird vielleicht überhaupt nichts mehr passieren«, fügte Schwede verdrießlich hinzu. »Sie werden sich ihn wohl schnappen, wenn er alle seine Mittelsmänner abgeklappert hat. Wahrscheinlich in so 'ner Stadt wie Chicago, und wir erfahren erst davon, wenn alles vorbei ist.«

»Glaub' ich nicht«, widersprach Neil. »Sie haben kein Interesse daran, ihn ohne die Druckplatten zu verhaften, und ich möchte bezweifeln, daß er sie bei sich im Wagen hat. Vielleicht lassen sie ihn erst nach Hause kommen.«

Da Myrtle ihnen keine weiteren Einzelheiten berichten konnte, kehrten die Jungen in ihr Büro zurück. Sie holten ein altes, halbzerbrochenes Schachbrett hervor und spielten eine Partie. Zwischen den einzelnen Zügen hatten sie ausgiebig Zeit, ihrem Unmut Luft zu machen.

»Es ist zum Heulen!« schimpfte Neil. »Da liefern wir ihnen eine richtige Geldfälscherbande so gut wie frei Haus, und was passiert? Sie erzählen uns, wir sollen hübsch ruhig sein und ja niemand was sagen, bis alles vorbei ist! Na schön, wir sind ruhig, und was tun sie? Nichts!«

»Ist doch ganz normal«, sagte Schwede philosophisch. »Wir haben es eben mit der Bundesregierung zu tun, und du weißt, daß die wegen ihrer Bürokratie berüchtigt ist. Mr. LeBon braucht wahrscheinlich dreiundzwanzig Beweise, bevor er Leach verhaften kann.«

»Pfeif' drauf!« ereiferte sich Neil weiter. »Wenn nicht bald was passiert, dirigieren wir den ganzen Stab der Carson Street Detektiv Agentur um und setzen ihn auf einen anderen Fall an. Es gibt noch andere Fische zu fangen als nur diese lumpigen Geldfälscher!«

»Apropos Fische, wir könnten wieder mal angeln gehen«, schlug Schwede vor. »Ist schon eine Ewigkeit her.«

»Einverstanden. Hier sitzen wir doch nur herum.«

Nach dem Mittagessen suchten sie ihr Angelgerät zusammen und machten sich auf den Weg zum alten Mühlteich von Burnt Hill. Da außer ihnen nicht viele von seiner Existenz wußten, fingen sie meistens etwas. An diesem Nachmittag jedoch hatten sie wenig Glück. Nach anderthalb Stunden hatten sie erst einen kleinen Sonnenfisch gefangen, den Neil enttäuscht gleich wieder ins Wasser warf. Trotzdem waren sie in bester Stimmung. Es war ein schöner Tag, und der Teich war ein kleines Paradies, so friedlich und verträumt lag er da. Neil und Schwede hatten ihre Badehosen nicht mitgenommen, aber da weit und breit kein Mensch zu sehen war, beschlossen sie, nackt zu baden. Als sie sich wieder angezogen hatten, machten sie einen neuen Angelversuch mit künstlichen Fliegen als Köder, und diesmal biß es bei Schwede an.

»Ich hab' irgendwas Großes dran!« schrie er. »Keine Ahnung, was – aber es zappelt gewaltig.«

Die dünne Angelrute bog sich fast völlig durch, und mehrmals mußte er ein Stück Leine nachgeben. Schwede ließ den Fisch sich einige Minuten lang abzappeln und benutzte jede kleine Pause, die Nylonschnur ein Stück einzuholen. Schließlich war es ihm gelungen, die widerstrebende Beute ins flachere Wasser am Ufer zu ziehen. Neil, der ein paar Meter neben ihm stand, sah den Fisch zuerst.

»Ein Aal!« rief er. »Ein Prachtexemplar, sag' ich dir.«

Schwede spulte die Leine noch ein paar Meter auf, bis er seinen Fang endlich aus dem Wasser zog. Der Aal schnellte zweimal hoch und verhedderte sich dabei in der Angelschnur. Schwede schleuderte ihn auf den grasbedeckten Uferrand, wo der Fisch weiter um sich schlug und sich immer fester in der Leine verfing.

»Mensch, steh' da nicht so 'rum — tu doch was!« schrie Schwede.

»Was denn bitte?« fragte Neil gleichmütig. »Denkst du, ich fasse so'n Viech an? Das ist ja wie 'ne Schlange.«

»Nun los, halt ihn schon fest, stell dich nicht so an!«

»Ich weiß was besseres, ich halte die Angel, und du greifst ihn«, erwiderte Neil.

Die Wahrheit war die, daß Schwede genauso wenig Lust verspürte, den Aal anzufassen, wie Neil. »Der ist bestimmt einen Meter lang«, sagte Schwede. »Am liebsten würde ich ihn lebendig zu Professor Runyon bringen.«

»Ich habe einen Behälter mit«, erklärte Neil. »Warte, ich tu' ein bißchen Wasser rein.«

Neil hatte einen großen Gefrierbeutel aus Plastik mitgenommen, für den Fall, daß sie viel fangen würden. Jetzt füllte er ihn mit Wasser aus dem Mühlteich und hielt die Öffnung weit auf, während Schwede das Tier hineinzubugsieren versuchte. Zweimal war der Aal schon halb im Plastiksack, aber im letzten Moment schnellte er mit einer heftigen Bewegung seines Schwanzes wieder heraus. Schließlich gelang es den beiden Jungen, mehr durch Zufall als durch Geschicklichkeit, ihn ganz hineinzubekommen.

»Und wie kriegen wir nun den Angelhaken heraus?« fragte Neil.

Sobald der Aal Wasser um sich fühlte, beruhigte er sich ein wenig. Er sah auch gar nicht mehr so riesig aus, wenn auch immer noch respektabel genug. Weder Neil noch Schwede war bisher jemals ein Aal an die Angel gegangen, so sahen sie ihn sich voller Interesse näher an. Der Rücken war von einem fast schwarzen Dunkelbraun, die Unterseite dagegen weiß.

»Was für winzigkleine Schuppen er hat!« staunte Neil, sich über ihn beugend.

Ob Neils Gesicht oder sonst etwas ihn erschreckte, jedenfalls begann der Aal von neuem wild um sich zu schlagen. Ein kräftiger Hieb seines muskulösen Schwanzes bewirkte, daß Schwede erschreckt den Beutel zu Boden fallen ließ und das Wasser zur Hälfte auslief. Neil konnte gerade noch rechtzeitig einen Fuß auf das offene Ende des Beutels setzen, um zu verhindern, daß der Aal hinauswischte. Zusammen nahmen die Jungen den Plastiksack auf und trugen ihn zum Teich. Schwede fand nach einigem Suchen in seinem Rucksack einen Pappbecher, mit dem sie frisches Wasser in den Beutel schöpften.

»Ich will lieber nicht versuchen, den Angelhaken herauszumachen«, meinte Schwede. »Er scheint in seinem Unterkiefer festzusitzen. Wahrscheinlich hat er gar nicht richtig zugebissen, sondern ihn nur verschluckt.«

Er zog an der Schnur, bis der Kopf des Aales nahe genug an der Öffnung war, und schnitt sie mit seinem Taschenmesser durch. Dann banden sie den Beutel mit einem Stück Bindfaden zu.

»Hoffentlich hält dein Plastiksack was aus«, sagte Schwede, »denn dieser Aal ist ganz schön rabiat.«

»Warum willst du ihn eigentlich zu Professor Runyon bringen?« wollte Neil wissen.

»Weil er Spezialist für Aale ist«, belehrte Schwede ihn. »Er hat früher im New Yorker Aquarium gearbeitet. Warst du noch nie bei ihm zu Hause?«

»Doch, einmal, als ich in der dritten oder vierten Volksschulklasse war«, antwortete Neil. »Ich weiß noch, er hatte ein großes Becken mit lauter exotischen Fischen.«

»Die hat er jetzt, glaub' ich, nicht mehr. Aber dafür, säuberlich präpariert und in Flaschen, sämtliche Arten von Aalen, ganz und in Einzelteilen. Ehrlich gesagt, hab' ich überhaupt nur bei ihm schon mal einen Aal gesehen.«

148

»Ich war mal dabei, wie mein Vater einen fing«, erinnerte sich Neil. »Also, ich kann darauf verzichten.«

Sie suchten ihr Angelgerät zusammen und machten sich auf den Heimweg. Schwede trug, so vorsichtig er konnte, den Beutel, der fast zehn Liter Wasser enthielt. Nach anderthalb Kilometern taten ihm die Arme weh, und mit einiger Mühe konnte er Neil überreden, ihm beim Tragen zu helfen.

Professor Runyon bewohnte ein kleines weißes Haus nicht weit von den Cavanaughs. Als sie, erschöpft von dem langen Marsch und dem Schleppen, vor seiner Tür standen, stellten sie fest, daß sie sich die Mühe umsonst gemacht hatten. Es war niemand zu Hause.

»Zu dumm«, sagte Schwede, »ich weiß genau, er hätte sich sehr gefreut. Was machen wir jetzt mit dem Viech?«

»Nach Hause nehmen und aufessen«, schlug Neil vor. »Aale sollen eine Delikatesse sein.«

»Meinetwegen, aber ich müßte ihn saubermachen, und ob meine Mutter ihn mir kochen würde, ist noch die Frage«, sagte Schwede. »Nimm du ihn doch.«

»Nein, ich weiß genau, meine Mutter würde sich weigern, ihn anzurühren«, wehrte Neil ab. »Sie hat 'ne Antipathie gegen alles Schlangenartige, da stellt sie sich schlimmer an als andere Frauen mit Mäusen. Und dieses Viech sieht einer Schlange nun mal verflixt ähnlich.«

»Nun, dann laß dir was anderes einfallen«, erklärte Schwede.

»Wo wir schon so nahe bei Myrtle sind, könnten wir ja mal vorbeigehen; vielleicht mögen die Cavanaughs Aale«, meinte Neil.

Myrtle zeigte auch durchaus Interesse für den Aal. Sie war viel weniger zimperlich, ihn anzufassen, als Neil oder Schwede. Sie kniete neben dem Plastiksack nieder und starrte den Fisch ganz gebannt an. »Also, ich finde ihn richtig niedlich«, verkündete sie schließlich.

»Gut«, sagte Schwede, »du kannst ihn haben.«

»Ich weiß zwar nicht, wohin mit ihm«, erwiderte sie, »aber trotzdem vielen Dank!«

»Tu ihn doch in die Bratpfanne«, schlug Neil vor. »Gebratener Aal ist was Köstliches.«

»Warum eßt ihr ihn dann nicht selbst?« fragte Myrtle.

»Bei uns zu Hause ist keiner bereit, ihn zu braten«, antwortete Neil der Wahrheit entsprechend.

»Na, ich auch nicht«, sagte Myrtle. »Demnach bleibt nur, daß ihr ihn behaltet, bis euer Freund, der Professor, wieder da ist. Es wäre sowieso eine Schande, so ein hübsches Tier zu töten.«

»Wenn es hier in der Nähe einen Bach gäbe, würde ich ihn da hineinwerfen«, seufzte Schwede, der der Sache überdrüssig war. »Ich möchte nur wissen, wozu wir uns den ganzen Weg mit ihm abgeschleppt haben.«

»Mir fällt was ein«, sagte Myrtle. »Das Schwimmbecken bei den Leachs wird überhaupt nicht benutzt. Werft ihn doch da rein. Wenn euer Professor zurückkommt, könnt ihr ihn ja wieder herausfischen und ihm geben.«

»Aber wie sollen wir ihn wieder herauskriegen, wenn er erst einmal drin ist?« fragte Neil zweifelnd.

»Mein Vater hat ein Netz mit einem langen Griff«, erwiderte Myrtle, »das könnt ihr nehmen.«

»Ehrlich, die Idee ist gar nicht schlecht«, meinte Schwede nach einigem Nachdenken. »Ist sowieso eine Schande, daß das Schwimmbecken so wenig benutzt wird.«

»Zuerst müßt ihr aber den Angelhaken entfernen«, sagte Myrtle entschlossen.

»Und wie sollen wir das, bitte, machen?« fragte Schwede.

»Haltet ihr den Aal hinter dem Kopf fest, dann zieh' ich ihn für euch heraus, wenn ihr euch so kindisch anstellt«, erklärte Myrtle.

Neil wollte die Schmach schließlich nicht länger auf sich sitzen lassen. Er griff beherzt in den Beutel und packte den

Aal am Nacken. Myrtle steckte ebenfalls eine Hand hinein und hatte im Nu den Haken herausgezogen.

»Laßt ihn nicht entwischen«, sagte sie. »Kommt, wir gehen an die Hecke, da könnt ihr ihn mit einem Schwupp direkt ins Bassin befördern.«

Schwede trug den Beutel, während Neil den Aal festhielt. So gingen sie zusammen zur Hecke hinüber und wählten eine Stelle aus, wo sie nicht so hoch war.

»Wenn ich sage: los, dann zieh den Beutel weg. Mach aber einen Schritt rückwärts«, kommandierte Neil. Schwede gehorchte, und im gleichen Augenblick flog der Aal über die Hecke und den Drahtzaun und landete aufklatschend im Bassin.

»Volltreffer!« jubelte Schwede. »So, da kann er sich ein paar Tage lang amüsieren.«

»Jedenfalls mehr als sie, das wette ich«, grinste Myrtle spitzbübisch. »In einer Viertelstunde werden wir's wissen.«

»Was soll denn das heißen?« forschte Neil. »Sagtest du nicht eben, das Schwimmbecken würde von niemand benutzt?«

»Sicher, außer von den Leachs natürlich«, erklärte Myrtle mit Unschuldsmiene. »Mindestens ein dutzendmal hat Mrs. Leach mich hier in der Hitze schmoren sehen, aber meint ihr, sie hätte mich auch nur ein einziges Mal eingeladen, herüberzukommen und in ihrem Swimmingpool zu baden? Mal sehen, vielleicht gefällt ihr ein Aal als Gesellschaft besser.«

»Das kann ja spannend werden«, meinte Schwede. »Aber ich glaube, ich verzieh' mich lieber, bevor es zur Explosion kommt.«

»Zum Abhauen ist es zu spät«, versetzte Neil.

»Sie kommt immer gegen halb fünf in den Garten, man kann fast die Uhr danach stellen«, erklärte Myrtle ruhig. »Ich glaube, am besten können wir sie von einem der Schlafzimmerfenster im Oberstock beobachten.«

Sie gingen nach oben und rückten sich Stühle ans Fenster. Myrtles Voraussage erwies sich als richtig. Punkt halb fünf kam Mrs. Leach aus dem Haus. Sie ging über den Rasen, ihren riesigen Schäferhund dicht hinter sich, schloß die Pforte auf und betrat das eingezäunte Gelände. Nachdem sie ihr Handtuch auf einem Zeltstuhl abgelegt hatte, stülpte sie sich die Badekappe über.

»Die ist vielleicht schneller wieder draußen, um ihre Frisur wieder in Ordnung zu bringen, als sie jetzt braucht, sich die Kappe aufzusetzen«, grinste Myrtle.

»Ist sie 'ne gute Schwimmerin?« fragte Neil.

»O ja, eine sehr gute sogar. Und außerdem kann sie tauchen. Meistens springt sie vom Brett ins Wasser.«

Tatsächlich ging Mrs. Leach jetzt ans andere Ende des Schwimmbeckens und betrat das Sprungbrett. Sie federte ein paarmal auf und ab, um es auf seine Elastizität zu prüfen. Dann machte sie ein paar Schritte rückwärts, nahm einen kurzen Anlauf und tauchte mit einem sauberen, eleganten Sprung ins Wasser. Als sie wieder hochkam, schwamm sie mit leichten, schnellen Zügen zweimal durch das Becken und kletterte dann heraus.

»Nicht schlecht«, urteilte Schwede fachmännisch. »Ich wollte, mein Kraulstil wäre so gut wie ihrer.«

Mrs. Leach wiederholte den Sprung vom Brett und durchschwamm das Becken dreimal, bevor sie am anderen Ende aus dem Wasser stieg und langsam am Beckenrand entlangging. Plötzlich blieb sie stehen, reckte den Hals vor und starrte in ungläubigem Entsetzen ins Wasser hinunter.

»Sie hat ihn gesehen«, sagte Neil.

Mehrere Sekunden stand Mrs. Leach wie gelähmt, dann stieß sie einen markerschütternden Schrei aus und lief, so schnell sie konnte, auf das Haus zu, der Hund folgte ihr dicht auf den Fersen.

Myrtle schloß rasch das Fenster, und alle drei prusteten vor Lachen los.

Sie hatten sich über den entsetzten Ausdruck von Mrs. Leachs Gesicht immer noch nicht beruhigt, als sie sahen, wie ihre Nachbarin aus der Haustür zu ihrem Wagen stürzte und davonfuhr.

»Möchte wissen, was der Secret-Service-Mann jetzt denkt«, fragte Neil.

»Der ist nicht da«, antwortete Myrtle. »Gegen ein Uhr ist er fortgegangen, irgend jemand hat mit ihm telefoniert. Falls etwas Besonderes passiert, soll ich ihn anrufen, er hat mir eine Nummer dagelassen. Was meint ihr, soll ich das jetzt tun?«

»Ich glaube, sie ist nur rasch weg, um jemand zu holen, der ihr helfen soll, die schreckliche ›Schlange‹ zu entfernen«, war Schwedes Ansicht.

»Vielleicht ist es besser, *wir* helfen ihr«, schlug Neil vor. »Außerdem ist das unser Aal, er darf nicht in fremde Hände fallen.«

»Gut, dann hol' ich das Netz«, erbot sich Myrtle. Alle drei liefen sie die Treppe hinunter, und gleich darauf brachte Myrtle ein langstieliges Fangnetz aus der Garage.

»Eins sage ich euch: Wenn der Hund sich hier irgendwo herumtreibt, bleibt der Aal, wo er ist«, erklärte Schwede kategorisch, als sie durch die Hecke krochen.

Sie rannten um das Bassin herum. Mrs. Leachs Flucht war viel zu überstürzt gewesen, als daß sie noch Zeit gehabt hätte, die Pforte abzuschließen. So konnten sie ungehindert hineinschlüpfen. Schwede hielt das Netz, während Neil sich die langstielige Schöpfkelle griff, mit der man Blätter und andere Verunreinigungen aus dem Becken fischt. Mit ihrer Hilfe scheuchte er den Aal in den flacheren Teil des Bassins. Schneller, als sie dachten, hatten sie ihn gefangen. Sie liefen mit ihrer Beute zu Myrtles Haus zurück. Ehe er sich's versah, war der Aal wieder in dem halb mit Wasser gefüllten und fest zugebundenen Plastikbeutel.

»Und was jetzt?« fragte Schwede.

»Wenn wir keinen Abnehmer für ihn finden, gibt es notfalls immer noch den Stadtteich«, war Neils Meinung.

»Inspektor Bricker hätte uns sofort im Verdacht«, sagte Schwede. »Wir kriegen's ja doch immer angehängt, wenn irgendwo was passiert.«

»Ich weiß nicht, aber ich kenn' 'ne ganze Menge Leute, denen ich das Viech mit Wonne in die Badewanne schmuggeln würde«, meinte Neil. »Ich hatte gar keine Ahnung, was für'n Spaß man mit so einem Aal haben kann.«

Die Jungen hatten unterdessen den Highway erreicht und fanden fast auf Anhieb jemand, der sie mitnahm. Es war ein Klempner aus Belleville, auf dessen Lastwagen sie hinten mitfahren durften. Falls er den Aal überhaupt wahrnahm, machte er jedenfalls keine Bemerkung. Leider bog er nach der Hälfte der Strecke ab, und die Jungen mußten mit ihrer Angelausrüstung und dem schweren Plastiksack wieder zu Fuß laufen. Doch schon nach wenigen hundert Metern bremste ein klappriger alter Lieferwagen neben ihnen. Es war Mr. Delmonico.

»Kommt mir fast so vor, als hätte ich euch beide auf dieser gleichen Strecke früher schon mal getroffen«, begrüßte er sie freundlich. »Hüpft rein, ich nehm' euch bis zur Stadt mit.«

Obwohl ihnen etwas unbehaglich dabei zumute war, kletterten sie in die Fahrerkabine. Neil, der gerade mit Tragen dran gewesen war, stellte den Plastikbeutel mit dem Aal möglichst unauffällig auf den Wagenboden zu seinen Füßen, aber Mr. Delmonico lehnte sich hinüber und warf einen neugierigen Blick darauf.

»Was habt ihr denn da mit?« fragte er.

»Einen Aal«, antwortete Schwede. »Wir haben ihn im Alten Mühlteich gefangen.«

»Meinst du den bei Burnt Hill?« erkundigte sich Mr. Delmonico. »Früher bin ich da auch öfters zum Angeln hingefahren, muß aber schon einige Jahre her sein.«

»Schlechter Tag heute, es wollte nichts richtig anbeißen«, sagte Schwede.

»Na, das ist aber'n schöner Aal«, äußerte Mr. Delmonico mit Kennermiene. »Was habt ihr mit ihm vor?«

»Das wissen wir noch nicht«, erwiderte Neil. »Anscheinend will ihn keiner haben. Wir haben ihn mitgenommen, in der Hoffnung, wir könnten ihn Professor Runyon schenken. Er befaßt sich wissenschaftlich mit Aalen, wissen Sie.«

»So? Das wußte ich nicht«, sagte Mr. Delmonico. »Ich befasse mich nicht wissenschaftlich mit ihnen, ich esse sie. Aale sind eine Delikatesse.«

»Wie ist es, wollen Sie ihn haben?« fragte Schwede.

»Mit Vergnügen«, strahlte Mr. Delmonico. »Aber wollt ihr ihn wirklich nicht mit nach Hause nehmen? Ein Aal ist, wenn man ihn richtig zubereitet, ein wahres Festessen.«

»Weder meine noch Schwedes Mutter versteht sich darauf«, sagte Neil. »Und es ist auch nicht anzunehmen, daß sie's noch lernen.«

»Nun, über Geschmack läßt sich bekanntlich nicht streiten«, erklärte Mr. Delmonico. »Manche Leute machen sich mehr aus Hummer. Ich für meine Person ziehe Aal jederzeit vor.«

»Wohin fahren Sie, Mr. Delmonico?« fragte Schwede.

»Zum Supermarkt. Ich war mit meiner Nichte ein paar Tage bei Verwandten zu Besuch, und mein Kühlschrank ist so gut wie leer. Na, Fisch brauch' ich mir nun ja wohl keinen mehr zu kaufen. Schade, hätte ich geahnt, daß ich euch hier aufgable, hätte ich euch beiden ein paar grüne Bohnen für eure Mütter mitgebracht. Ich ernte sie im Moment körbeweise im Garten.«

»Vielen Dank, das ist sehr nett. Vielleicht ein andermal«, erwiderte Schwede. Er konnte grüne Bohnen nicht ausstehen und war froh, daß Mr. Delmonico keine mithatte.

»Wartet mal, ich hab' da noch was«, sagte Mr. Delmonico und fingerte auf dem Sitz neben sich herum. Schließlich langte er mit einer Hand zwischen das Sitzpolster und die Rückenlehne und zog eine kleine Cellophantüte hervor. »Hier, ein paar Briefmarken für euch.«

»Oh, danke, aber Sie haben uns schon mal welche geschenkt«, entgegnete Schwede höflich.

»Ach richtig, stimmt ja, was?« antwortete Mr. Delmonico zerstreut. »Ich glaub', mein Gedächtnis läßt nach. Mein Neffe, das heißt, der Mann von meiner Nichte, ist in der Briefmarkenbranche, das ist der Grund, weshalb ich soviel davon habe. Ich nehme an, ihr beide sammelt nicht?«

»Nein«, erwiderte Neil. »Wir haben Ihre Briefmarken an ein Mädchen weitergeschenkt, das eine Sammlung hat. Sie sagte uns, daß einige der Marken nicht die gleichen sind wie die in ihrem Album.«

»Nicht die gleichen? Nanu, inwiefern?«

»Oh, nur in kleinen Einzelheiten«, schwächte Neil ab. Er wußte nicht recht, ob er dieses heikle Thema überhaupt anschneiden sollte. »Man braucht eine Lupe, um es zu erkennen.«

»Nun, sehr groß kann der Unterschied nicht sein«, sagte Mr. Delmonico in etwas gekränktem Ton. »Ich hab' diese Marken selbst gedruckt, und ich versteh' was davon.«

»*Sie* haben sie gedruckt?« fragte Schwede erstaunt.

»Natürlich, ich drucke viele Briefmarken.«

»Ist das denn nicht gegen das Gesetz?« fragte Neil.

»Das wäre es wohl nur, nehme ich an, wenn ich sie zum Frankieren von Briefen benutzen würde«, war Mr. Delmonicos schlichte Antwort. »Aber ich verwende sie ja nicht zu Postzwecken. Mein Neffe stellt sie zu kleinen Auswahlkollektionen zusammen und verkauft sie an die Briefmarkenhändler im Lande. Tatsächlich tue ich ein gutes Werk damit. Manche von diesen Marken sind schon lange nicht mehr im Handel, und man würde sie überhaupt nicht mehr bekommen, wenn ich sie nicht nachdrucken würde.«

Schwede warf Neil einen Blick zu, der deutlich sein Erstaunen ausdrückte.

»Ich glaube, ich nehme demnächst ein paar Gedenkmarken in Arbeit«, fuhr Mr. Delmonico unbeirrt fort. »Es würde mich reizen, einige von den zweifarbigen Marken nachzudrucken. Wißt ihr, die jungen Leute können durch's Briefmarkensammeln 'ne Menge lernen – über die Geschichte unseres Landes und seine großen Männer.«

Mr. Delmonico war vor Neils Elternhaus angekommen. Er fuhr rechts heran. »Nochmals schönen Dank für den Aal! Er wird mir bestimmt großartig schmecken.«

Die Jungen standen auf dem Gehweg und sahen zu, wie sich der alte Lieferwagen ratternd und rumpelnd in Bewegung setzte. Dicke, blaue Wolken kamen aus dem Auspuff. Als er um die Ecke bog, streckte Mr. Delmonico eine Hand aus dem Fenster und winkte ihnen zum Abschied noch einmal zu.

»Weißt du, ich glaube, er bildet sich in aller Unschuld ein, daß er mit seiner Druckerei den Briefmarkensammlern einen guten Dienst erweist.«

»Er ist einfach ein herzensguter Narr«, antwortete Neil. »Er hat nicht die leiseste Ahnung, was er da eigentlich macht.«

Die Druckplatten

Auch in der nächsten Woche geschah nichts Neues. Am Mittwochvormittag war Neil gerade dabei, den Rasen zu mähen, als seine Mutter ihn ans Telefon rief, jemand wolle ihn sprechen. Es war Myrtle. Diesmal hielt sie sich nicht lange mit geheimen Agentennamen auf, sondern kam gleich zur Sache.

»Ich bin hier in Eckleberrys Drugstore und hab' nicht

viel Zeit«, begann sie. »Ich hielt es für besser, nicht von zu Hause aus anzurufen, es könnte jemand zuhören und etwas dagegen haben. Es wimmelt nur so von Geheimdienstleuten bei uns. Offenbar rechnen sie damit, daß in den nächsten Stunden etwas Entscheidendes passiert.«

»Ist denn Mr. Leach schon zurück?« fragte Neil.

»Nein, aber ich glaube, sie erwarten ihn«, erwiderte Myrtle. »Ich mache noch ein paar Besorgungen und bin in ungefähr einer halben Stunde wieder zu Hause. Wollt ihr dann herkommen?«

»Vielen Dank für die Einladung«, sagte Neil, »wir kommen.«

Er rief Schwede an, der schon ein paar Minuten später zur Stelle war. Mrs. Lambert bestand allerdings darauf, daß zuerst der Rasen fertiggemäht würde, und es blieb ihnen nichts übrig, als sich zähneknirschend zu fügen. Dank Schwedes Mithilfe und indem er wie ein Wilder schuftete, hatte Neil es in einer Dreiviertelstunde geschafft. Sie schwangen sich auf ihre Räder und sausten ab zu Myrtle.

Äußerlich machte bei den Cavanaughs alles einen absolut normalen und friedlichen Eindruck. Die Jungen fanden Myrtle, auf ihrer Gitarre klimpernd, im Garten. Sie hatte sich einen strategisch günstigen Platz ausgesucht, von dem aus sie durch die Hecke das Leach'sche Grundstück beobachten konnte. Obwohl Myrtle so tat, als sei sie über Neils und Schwedes Besuch überrascht, standen seltsamerweise schon zwei Stühle neben ihrem. Außerdem war eine frischgefüllte Kanne Limonade da.

»Es ging gleich nach dem Frühstück los«, begrüßte sie die Jungen. »Mr. Denton, der schon ein paarmal hier war, erschien kurz vor dreiviertel neun. Er war kaum da, als mehrere Anrufe für ihn kamen. Wenn man unten im Keller ist, kann man praktisch alles mithören, was in Vaters Arbeitszimmer gesprochen wird. Zufällig *war* ich gerade im Keller, als er am Telefon war.«

»Wirklich ein merkwürdiger Zufall«, neckte Schwede sie.

»Nicht wahr, find' ich auch«, sagte Myrtle, ohne auf seinen Ton einzugehen. »Jedenfalls sind jetzt noch mindestens drei Mann zusätzlich irgendwo hier draußen versteckt. Ich hörte, wie Mr. Denton zu ihnen sagte, sie sollten ihren Wagen zwei Straßen weiter zurücklassen und durch den Wald herankommen. Einer muß jenseits der Straße im Wald stecken, einer irgendwo hinter dem Leachschen Haus und einer drüben auf der anderen Seite.«

»Hast du einen von ihnen gesehen?« fragte Neil.

»Nein, ich bin die Straße zum Highway 'runtergegangen, aber ich hab' nichts Verdächtiges bemerkt. Man könnte 'ne ganze Armee Soldaten gegenüber dem Leach'schen Grundstück verstecken, so dicht ist der Wald. Auf der anderen Seite des Hauses, von uns aus gesehen, sind die Bäume nicht so hoch. Ich glaub', ich hab' da einen reingehen sehen, aber mit Bestimmtheit kann ich das auch nicht sagen.«

»Wem gehört denn das Haus hinter den Leachs, das zur Parallelstraße geht?«

»Den Hirshs. Sie sind den ganzen Sommer weg. In ihrem Garten könnte sich ohne weiteres ein halbes Dutzend Männer verstecken.«

»Wo ist dieser Mr. Denton jetzt?« fragte Neil.

»Oben im hinteren Schlafzimmer«, antwortete Myrtle und nickte mit dem Kopf in die Richtung.

»Nun gut, sie rechnen also damit, daß etwas passiert«, sagte Schwede, »und was kann das anderes sein, als daß Mr. Leach nach Hause kommt?«

»Ja, aber wozu sind es dann so viele?« wandte Myrtle ein.

»Offenbar erwarten sie, daß er irgend etwas Ungewöhnliches vorhat«, überlegte Neil. »Vielleicht hat er gemerkt, daß er beobachtet wird, und sie wollen ihn schnappen, wenn er versucht abzuhauen.«

»Egal, wie es nun ist – ich fand jedenfalls, es wäre 'ne

Gemeinheit, wenn ihr die ganze Aufregung nicht mitbekämt«, sagte Myrtle.

Fast zwei Stunden lang bemühten sie sich mit Erfolg, ihre innere Spannung und Unruhe nicht allzu deutlich zu zeigen. Myrtle schleppte ihre Briefmarkenalben in den Garten hinaus, und sie brachten einige Zeit damit zu, sie zu betrachten. Dann sang Myrtle mehrere ihrer Lieder und begleitete sich dazu auf der Gitarre. Schließlich trieb sie zwei Federballschläger auf; während abwechselnd zwei Federball spielten, schaute der dritte zu. Als es auf Mittag ging, lud Myrtle die Jungen ein, zum Essen zu bleiben, und machte um halb eins ein paar Brote fertig, die sie draußen im Garten aßen. Gegen halb zwei indessen hatten Neil und Schwede das Gefühl, daß die Länge ihres Besuches verdächtig zu werden begann.

»So was Blödes«, brummte Schwede ärgerlich. »Durch uns sind sie überhaupt erst auf die richtige Spur gekommen, und jetzt kommen wir uns fast wie lästige Eindringlinge vor.«

»Schade, daß Mr. LeBon nicht hier ist. Ich würde ihm glatt sagen, daß wir ein Recht darauf haben, dabei zu sein, wenn es spannend wird«, sagte Neil. »Aber das sind ja alles Fremde hier.«

»Hol's der Kuckuck, wenn die sich im Wald verstecken können, warum tun wir das nicht auch?« platzte Schwede heraus.

»Mensch, das ist die Idee!« stimmte Neil zu.

Nach eingehender Prüfung der Lage kamen sie zu dem Ergebnis, daß es das beste wäre, wenn sie erst einmal ein gutes Stück weit wegführen, dann die Räder versteckten und durch den Wald zurückkämen. Hinter der Cavanaughschen Garage war eine Baum- und Sträuchergruppe. Wenn es ihnen gelang, sich unbemerkt bis dorthin durchzuschlagen, hatten sie ein gutes Versteck, von dem aus sie einen ungestörten Blick auf das Leach'sche Grundstück hatten.

Myrtle konnte sich dann von der Garage aus durch das hintere Fenster mit ihnen unterhalten, ohne daß es jemand auffiel.

»Wenn ihr Durst bekommt, bring' ich euch was zu trinken«, versprach sie.

Die Jungen verabschiedeten sich und fuhren los. Sobald sie außer Sicht zu sein glaubten, verbargen sie ihre Räder im Unterholz, und die eigentliche Arbeit begann: langsam und vorsichtig wie die Indianer zurückzuschleichen. In gehörigem Abstand zur Straße glitten sie unsichtbar von Baum zu Baum. Obwohl sie öfters Pausen einlegten, um auf jedes Geräusch zu lauschen und sich nach allen Seiten umzusehen, konnten sie nicht das geringste von irgendwelchen versteckten Spähern bemerken. Trotzdem wagten sie sich nicht zu nah an die Straße heran: sich plötzlich im schönsten Anpirschen einem Geheimdienstmann gegenüberzusehen, sei, so fand Schwede, »nicht gerade das ideale«.

Sie sahen zwar niemand, aber dafür waren sie auch ziemlich fest überzeugt, selbst nicht gesehen zu werden. Schließlich, nachdem sie einen weiten Bogen gemacht hatten, erreichten sie das dichte Gebüsch hinter der Cavanaughschen Garage. Sie hatten sich eben ein bequemes Plätzchen ausgesucht, das ihnen einen Durchblick durch die Hecke erlaubte, als sie ein fröhliches Summen hörten. Es war Myrtle, die in die Garage kam. Knirschend öffnete sich das Fenster in der Rückwand.

»Psst!« zischte es von drinnen. »Seid ihr da?«

»Ja, genau unterm Fenster«, antwortete Neil leise.

»Ich bin gerade dabei, die Federballschläger wegzuräumen«, sagte Myrtle. »Mr. Denton hat eben wieder einen Anruf bekommen. Ich hörte, wie er sagte, sie seien bereit und erwarteten ihn in ungefähr einer Stunde. Mit ›ihm‹ ist Mr. Leach gemeint, nehm' ich an.«

Myrtle verließ die Garage wieder, und die beiden Jungen machten es sich, so gut es ging, für die nächste Stunde bequem. Sie einigten sich, daß, während der eine Wache hielt, der andere schlafen sollte. Sie warfen eine Münze, um die Reihenfolge zu bestimmen, und Schwede gewann. Er entschied sich für die erste halbe Stunde. Sorgfältig machte er sich einen Platz zum Hinlegen zurecht. Zuerst entfernte er mehrere kleine Steine und Holzstückchen. Dann streckte er sich zur Probe aus. Da er den Boden immer noch zu holprig und unbequem fand, sammelte er Laub, um die Löcher auszupolstern, und kratzte an anderen Stellen etwas Erde weg. Schließlich lag er einigermaßen bequem. Aber kaum hatte er die Augen zugemacht, da summte eine Fliege an seinem Ohr. Schwede schlug mit der Hand nach ihr und versuchte erneut einzunicken. Doch nun ließ die Fliege sich auf seiner Nase nieder. Schwede setzte sich auf, um sie endgültig zu verscheuchen. Als er es endlich geschafft zu haben glaubte und sich wieder hinlegte, waren statt der einen Fliege zwei Fliegen da. Eine Viertelstunde später, als Myrtle in die Garage zurückkam, um zu fragen, ob sie irgend etwas brauchten, schlug er sich noch immer mit seinen Plagegeistern herum.

»Ob wir was brauchen? O ja, eine Dose Insektenspray«, beantwortete er Myrtles Frage. »Die Fliegen machen uns beide hier ganz verrückt.«

»Wir haben nur was zum Wespentöten«, sagte Myrtle. »Wart mal, das muß hier in der Garage sein.«

Sie reichte eine Dose mit Insektenpulver durch das Fenster hinaus, und Schwede kroch hin, um sie aufzufangen. Schon nach wenigen Minuten hatten sie ihre Ruhe vor den Fliegen. Wenn Neil und Schwede auch beide nicht mehr schlafen konnten, so hatten sie doch wenigstens noch eine Dreiviertelstunde Zeit, sich auszuruhen. Um drei Uhr war der langerwartete Augenblick endlich da: Der dunkelblaue Cadillac rollte in die Auffahrt. Mr. Leach stieg aus, holte seinen Koffer aus dem Auto und verschwand im Haus. Fast zehn Minuten warteten Neil und Schwede in fieberhafter Spannung in ihrem Versteck, aber nicht das geringste geschah. Sie hatten sich ausgemalt, aus allen Himmelsrichtungen würden sofort Geheimdienstmänner auftauchen. Stattdessen blieb weiterhin alles vollkommen ruhig.

»Was glaubst du, worauf warten sie noch?« fragte Schwede ungeduldig.

»Keine Ahnung«, erwiderte Neil. »Wenn Mr. Leach in dem Koffer Falschgeld hatte, hat er inzwischen jedenfalls Zeit genug gehabt, es zu verstecken.«

»Vielleicht warten sie noch auf Mr. LeBon«, überlegte Schwede.

»Ich möchte wetten, daß er längst hier ist«, widersprach Neil. »Er ist sicher irgendwo in der Nähe.«

»Dann warten sie vielleicht darauf, daß Mr. Leach nochmal seinen Koffer vollpackt, um ordentlich was zu erwischen, wenn sie ihn verhaften.«

»Ja, das könnte der Grund sein«, stimmte Neil zu. »Fassen wir zusammen: Sie lassen ihn ungeschoren mit seinem Falschgeld zu seinen verschiedenen Abnehmern fahren, und nachdem er dagewesen ist, verhaften sie die Leute. Falls Mr. Leach irgendwie Verdacht geschöpft hat – aus welchem Grunde ist er dann überhaupt nach Hause gekommen? Er hätte seine Frau doch von unterwegs anrufen und sich irgendwo mit ihr treffen können. Nein, es trieb ihn nach Hause, weil er irgend etwas holen will. Entweder, wie du meinst, 'ne neue Ladung Geld oder – die Druckplatten.«

»Die Platten, natürlich! Jetzt kapier' ich auch, weshalb die Geheimdienstmänner noch abwarten«, sagte Schwede. »Sie rechnen damit, daß er versuchen wird, sie irgendwo zu verstecken oder heimlich aus dem Haus zu schaffen.«

Drüben im Leach'schen Haus wurde die Gartentür geöffnet, und Mr. und Mrs. Leach, beide in Badezeug, traten auf die Backsteinterrasse hinaus. Mr. Leach – man sah, daß er um die Taille schon ein wenig Speck angesetzt hatte – trug eine dunkelbraune Badehose, über der Schulter hatte er ein blaues Handtuch. Mrs. Leach hatte einen blauen Badeanzug und darüber eine Frotteejacke an. Der unvermeidliche Schäferhund begleitete sie. Sie gingen zum Schwimmbecken hinüber, Mr. Leach schloß die Pforte auf und machte sie, als sie eingetreten waren, wieder zu. Während er gleich auf das Sprugbrett trat, setzte sich Mrs. Leach auf den Beckenrand und ließ die Füße ins Wasser baumeln.

»Das Wasser ist schön warm!« rief sie ihrem Mann zu.

Mr. Leach federte ein paarmal auf und ab und ließ sich dann mit einem ungeschickten Sprung ins Wasser fallen, so daß es hoch aufspritzte.

»Na, da ist sie aber sportlicher«, was Schwedes Kommentar.

Mr. Leach schwamm unter Wasser bis zur Mitte des Schwimmbeckens und tauchte, wie ein Wal prustend, auf. In langsamen, gleichmäßigen Zügen schwamm er zur Ausstiegsleiter. War seine Leistung beim Springen ausgesprochen schwach gewesen, so zeigte sein Schwimmstil, daß er sich viel im Wasser aufhielt. Er stützte sich kurz neben Mrs. Leach auf dem Beckenrand auf und kletterte dann heraus. Nun stand Mrs. Leach auf und ging, nachdem sie ihre Frotteejacke über den Stuhl gelegt und sich die Badekappe aufgesetzt hatte, zum Sprungbrett.

Mr. Leach nahm von einem Tisch den Schlüssel zur Zaunpforte, den er dort niedergelegt hatte. Der Schlüssel hing an einem Ring von gut zehn Zentimetern Durchmesser. Mr. Leach hielt ihn hoch, sagte etwas zu seiner Frau, was die beiden Jungen nicht verstehen konnten, und warf ihn in die Mitte des Bassins. Mrs. Leach sah zu, wie der Schlüssel ins Wasser plumpste, und sprang hinterher. Sie blieb eine ganze Weile unter Wasser. Schließlich tauchte sie ohne ihn wieder auf.

»Laß, ich hol' ihn«, rief Mr. Leach. Er machte einen zweiten Sprung, der ebenso unelegant ausfiel wie der erste, und blieb fast dreißig Sekunden unter Wasser. Als er wieder heraufkam, japste er nach Luft, aber den Schlüssel hatte er nicht. Alles in allem machten sie jeder vier Tauchversuche, bevor Mrs. Leach ihn endlich triumphierend in der rechten Hand hielt.

»Flaschen!« höhnte Schwede. »Jede Wette, daß ich ihn beim ersten Mal heraufgebracht hätte.«

Mr. und Mrs. Leach saßen einige Minuten schwer keuchend auf dem Beckenrand und schwammen anschließend noch ein paar Längen. Dann nahmen sie ihre Badetücher und gingen ins Haus zurück.

Neil sah auf die Uhr. »Fünfzehn Minuten«, sagte er. »So ein schöner Swimmingpool, und ganze fünfzehn Minuten waren sie drin!«

»Ich glaube, die Erwachsenen werden mit fortschreitendem Alter immer wasserscheuer«, meinte Schwede. »Sie halten es offenbar nicht mehr lange im Wasser aus. Hocken bloß um das Becken und quasseln.«

Eine Stunde verging, ohne daß etwas geschah. Niemand betrat oder verließ das Leach'sche Haus. Auch von den auf der Lauer liegenden Geheimdienstmännern war nichts zu sehen. Wäre nicht Mr. Leach zur angegebenen Zeit erschienen, hätten beide, Neil wie Schwede, ernsthaft an Myrtles ganzer Geschichte zu zweifeln begonnen. Sie waren sich nicht einmal mehr sicher, ob das Haus wirklich unter Beobachtung stand. Da hörten sie plötzlich vom Garagenfenster her leise ihre Namen rufen: Myrtle winkte ihnen, näher heranzukommen. Möglichst tief an die Erde geduckt, um nicht gesehen zu werden, schlichen sie zum Fenster.

»Euer Mr. LeBon ist vor ein paar Minuten gekommen«, berichtete Myrtle. »Er bespricht gerade mit Mr. Denton, ob sie Mr. Leach gleich verhaften oder lieber noch etwas warten sollen. Auf jeden Fall aber wollen sie's machen, solange es draußen noch hell ist.«

Schwede nickte. »Klar, das leuchtet ein«, flüsterte er Neil

zu. »Wenn es dunkel ist, könnte er heimlich das Haus verlassen und die Druckplatten irgendwo im Wald verstekken.«

»Psst!« zischte Myrtle. »Ich glaub', sie kommen.«

Sie verschwand für zwei oder drei Minuten und kehrte dann zum Garagenfenster zurück. »Ich glaube, sie gehen jetzt rüber und verhaften ihn«, sagte sie. »Ich muß auf meinen Beobachtungsplatz zurück, um alles mitzukriegen.«

Die Jungen krochen zu ihrem Versteck zurück und warteten in fieberhafter Spannung. Als die Verhaftung dann endlich kam, war sie eine einzige Enttäuschung. Mr. LeBon und ein zweiter Mann – Mr. Denton – fuhren vor dem Leach'schen Haus vor und gingen zur Eingangstür. Gleichzeitig erschien ein dritter Mann von der Hecke her im Garten hinter dem Haus und überwachte schweigend die Hintertür und den Swimmingpool.

Die Haustür wurde auf das Klingeln hin geöffnet. Mr. LeBon und Mr. Denton verschwanden im Haus. Etwa fünf Minuten vergingen, ohne daß etwas geschah. Dann fuhr ein zweiter Wagen vor, dem drei Männer entstiegen. Sie klingelten an der Tür und traten gleich darauf ebenfalls ein.

Neil und Schwede sahen keinen Grund mehr, weiter in ihrem Versteck zu bleiben, und gingen in den Garten zu Myrtle.

»Sowas Lahmes!« schimpfte sie. »Wenn sie einen wegen Geschwindigkeitsübertretung festnehmen, ist ja mehr los als hier.«

»Na ja, Geldfälscher ziehen auch nicht mit 'ner geladenen Kanone herum«, versuchte Neil sie zu besänftigen.

Ungefähr zehn Minuten später wurde Mr. Leach zwischen zwei Männern in der Haustür sichtbar. Die drei bestiegen einen der beiden Wagen und fuhren davon.

»Vermutlich bringen sie ihn ins Gefängnis«, meinte Neil. »Die anderen durchsuchen wahrscheinlich das Haus.«

166

»Das kann Stunden dauern«, sagte Schwede mit einem Blick auf seine Armbanduhr. »Das Spannendste scheint ja wohl vorbei zu sein, soweit man von spannend überhaupt reden kann. Ich denke, wir können nach Hause fahren.«

Myrtle versprach ihnen, sie anzurufen, falls irgend etwas Besonderes vorfallen sollte. Das Versprechen war unnötig, die nächsten Tage verliefen vollkommen ruhig. Die Jungen sprachen ein paarmal mit Myrtle am Telefon, aber alles, was sie berichten konnte, war, daß Mrs. Leach weiterhin unbehelligt in ihrem Haus lebte. Jeden Nachmittag kam sie zu einem kurzen Bad im Swimmingpool heraus, und mehrmals fuhr sie in die Stadt, um im Supermarkt Einkäufe zu machen. Das Haus wurde nach wie vor vom Geheimdienst beobachtet; nach Myrtles Aussage waren die Männer Tag und Nacht auf ihrem Posten. Jedesmal, wenn Mrs. Leach in ihrem Corvair wegfuhr, folgte ihr unauffällig ein Polizeiwagen. Schließlich – am Nachmittag des vierten Tages nach Mr. Leachs Verhaftung – erschien Mr. LeBon bei den Lamberts.

»Ich möchte gern mit dir und deinem Partner etwas besprechen«, sagte er zu Neil. »Wenn deine Eltern nichts dagegen haben, fahren wir rasch zu deinem Freund und setzen uns zusammen.«

Neil rief seiner Mutter zu, daß er zu Schwede hinüber müsse, und stieg zu Mr. LeBon ins Auto. Schwede war nicht zu Hause, aber nach einigem Suchen entdeckten sie ihn im Garten eines Nachbarn ein paar Häuser weiter beim Unkrautjäten. Es war ein heißer Nachmittag, und Schwede war von der Arbeit so erschöpft, daß er froh war, mit ihnen gehen zu können. Einige Kilometer außerhalb der Stadt gab es ein Schnellrestaurant mit einer Eisdiele. Dorthin fuhren sie und parkten in einer etwas abgelegeneren Ecke des riesigen Parkplatzes. Sie holten sich jeder eine Flasche Sprudel und tranken sie in Mr. LeBons Wagen aus, in dem es dank der Klimaanlage angenehm kühl war.

»Ich nehme an, ihr wißt, daß wir Mr. Leach verhaftet haben«, begann Mr. LeBon. »Es stand ja in der Zeitung.«

»Ist er im Gefängnis?« fragte Neil.

Mr. LeBon nickte. »Ja, aber ich glaube, nicht für lange. Sein Anwalt bemüht sich darum, ihn gegen eine Kaution freizubekommen. Wahrscheinlich wird er noch heute nachmittag aus der Haft entlassen. Allerdings haben wir meiner Ansicht nach genug Beweise in den Händen, um ihn vor Gericht eindeutig zu überführen.«

»Und was ist mit all den Leuten, die das Falschgeld für ihn in Umlauf gebracht haben?« erkundigte sich Schwede.

»Die meisten von ihnen haben wir«, antwortete Mr. LeBon. »Jedesmal wenn er einen aufsuchte, haben wir zugegriffen und ihn verhaftet, und fast immer hatte der Betreffende noch das ganze Geld bei sich. Wir besitzen sogar mehrere Photos von Mr. Leach, wie er seinen Komplizen Geld übergibt. Zum Schluß hatten wir allerdings Pech: Er bekam heraus, daß wir ihm auf der Spur waren. Er brach seine Tour sofort ab und fuhr von St. Louis direkt nach Hause, mit nur einer Stunde Schlafpause am Straßenrand. Es war uns klar, daß er auf dem schnellsten Wege zurückwollte, wahrscheinlich um die Platten, die er zum Drucken verwendet hatte, in Sicherheit zu bringen.«

Neil und Schwede warfen sich einen Blick zu. Sie hatten also richtig vermutet.

»Mr. Leach kam also nach Hause, aber merkwürdigerweise geschah gar nichts«, fuhr Mr. LeBon fort. »Er nahm ein kurzes Bad im Swimmingpool, doch das war auch alles. Nicht der leiseste Versuch, mit irgend etwas in den Wald zu verschwinden, um es zu vergaben! Nachdem wir einige Stunden vergeblich gewartet hatten, gingen wir schließlich hinüber und verhafteten ihn. Wir haben das ganze Haus vom Keller bis zum Boden durchsucht: nichts zu finden!«

»Vielleicht gibt es in irgendeinem Möbelstück ein Geheimfach«, meinte Neil.

»Vielen Dank für den Hinweis, aber du kannst versichert sein, daß wir alles gründlich untersucht haben«, sagte Mr. LeBon. »Wenn wir uns ein Haus vornehmen, bauen wir die Steckdosen aus den Wänden, montieren die Lichtleitungen von den Zimmerdecken ab und untersuchen jeden Quadratzentimeter Fußboden mit der Lupe, ob vielleicht ein Dielenbrett angesägt ist. Wir haben das Haus drei Tage lang auf den Kopf gestellt, ohne den geringsten Erfolg.«

»Wenn Sie Mr. Leach auch ohne die Druckplatten für lange Zeit hinter Gitter bringen können, weshalb müssen Sie sie dann unbedingt finden?« fragte Schwede. »Dort kann er ja doch kein Unheil mehr mit ihnen anrichten.«

»Aber dafür jemand anders«, erwiderte Mr. LeBon. »Wenn es uns nicht gelingt, diese Platten in unseren Besitz zu bringen, haben wir den Fälscherring nicht wirklich gesprengt. Selbst aus der Gefängniszelle kann Leach jemand eine Nachricht zukommen lassen und die Platten zum Beispiel verkaufen, und dann geht unsere ganze Arbeit von vorn los.«

Mr. LeBon trank seinen Sprudel aus und stellte den leeren Pappbecher auf den Wagenboden. »Also, der Grund, weshalb ich euch sprechen wollte, ist folgender: Seid ihr ganz sicher, daß Mr. Leach in jener Nacht, als ihr in Mr. Delmonicos Keller versteckt wart, die Platten mitgenommen hat?«

»Absolut«, entgegnete Schwede. »Ich habe ihn durch das Schlüsselloch in der Tür beobachtet, wie er sie einpackte. Dann rückte ich etwas zur Seite und ließ Neil durchgucken, wie er gerade die zweite Platte einwickelte. So war's doch, nicht wahr, Neil?«

»Ja, genau so«, bestätigte Neil. »Wir sind ganz sicher, daß er sie aus dem Keller mitgenommen hat. Als er fort war, haben wir auch von uns aus den Raum gründlich inspiziert. Nur noch die Druckplatten für die Briefmarken waren da. Es kann natürlich sein, daß er sie nicht zu seinem Wagen gebracht, sondern irgendwo draußen versteckt hat.«

»Der Gedanke war mir auch schon gekommen«, sagte Mr. LeBon. »Wir haben draußen alles abgesucht, aber ohne Resultat.«

»Was ist mit Mr. Delmonico?« wechselte Neil das Thema. »Werden Sie ihn ebenfalls verhaften?«

Mr. LeBon schüttelte den Kopf. »Nein. Wir haben ihn in die Stadt mitgenommen und mehrere Stunden verhört. Ich neige zu der Ansicht, daß der alte Mann, kurz gesagt, ein bißchen einfältig ist. Daß er Briefmarken nachgedruckt hat, gibt er ohne weiteres zu. Nun, das ist Sache der Post. Ich glaube nicht, daß sie gerichtlich gegen ihn vorgehen wird, weil er nie den Versuch gemacht hat, seine Marken zum Schaden der Post zu verkaufen, und ohne Zögern alle seine Druckplatten herausgegeben hat.«

»Mr. Delmonico hat uns erzählt, daß er seiner Ansicht nach nur den Briefmarkensammlern einen guten Dienst erweist«, bemerkte Neil.

»Ja, dasselbe hat er mir gesagt.« Mr. LeBon konnte ein Schmunzeln nicht unterdrücken. »Er ist ein hervorragender Graveur, aber andererseits hat er eine geradezu kindliche Vorstellung von dem, was gesetzlich erlaubt beziehungsweise nicht erlaubt ist. Wir haben ihm einige von den Geldscheinen gezeigt, die sein Neffe in Umlauf gebracht hat. Ich hatte den Eindruck, daß er vollkommen fassungslos war, wie Leach so etwas tun konnte, und ich glaube, sein Entsetzen war ehrlich. Er gab zu, daß er die Klischees hergestellt hat, aber nach der Sache mit den roten Zwanzigdollarnoten mit dem darübergedruckten Text wären Leach und er beide der Meinung gewesen, es sei das beste, die Platten zu vernichten. Leach habe sie damals an sich genommen und ihm später erzählt, er habe das Druckrelief mit einer Feile unkenntlich gemacht. In Wahrheit hat er natürlich nicht daran gedacht, sondern sie für seinen eigenen Zweck weiter benutzt.«

Neil stieg aus dem Wagen und warf die leeren Becher in einen Abfalleimer. Dann fuhren sie zur Stadt zurück.

»Könnt ihr euch erinnern, ob ihr Mr. Leach sofort nach Verlassen des Kellers habt abfahren hören?« fragte Mr. LeBon. »Es geht mir darum, ob er sich eventuell noch die Zeit genommen hat, die Platten irgendwo beim Haus zu verstecken. Er hätte ja, bevor er losfuhr, zuerst noch in den Wald gehen können, meine ich.«

Neil strengte sein Gedächtnis an. »Genau wissen wir nicht, wann er losfuhr. Wir warteten eine ganze Weile, um sicher zu sein, daß er weg wäre, bevor wir das Licht anknipsten.«

»Also, ich glaube nicht, daß er sie dort draußen versteckt hat«, sagte Schwede. »Jetzt, wo ich mich an jede Einzelheit zu erinnern versuche, bilde ich mir ein, er hätte die Platten in ein Stück Stoff eingewickelt und zuunterst in einen Pappkarton gelegt und dann Papier und einige Büchsen mit Druckfarbe darübergepackt.«

»Richtig, so war es«, bestätigte Neil. »Anschließend nahm er den ganzen Karton und trug ihn hinaus. Wenn er vorgehabt hätte, die Platten draußen zu vergraben oder zu verstecken, hätte er sie sicher nicht als unterstes eingepackt.«

»Sollte man meinen«, stimmte Mr. LeBon Neils Überlegung zu. »Wir haben tatsächlich bei ihm einen Karton mit Druckfarben und einigen Bogen Feinpapier gefunden. Er hat demnach doch offenbar den Karton so, wie er ihn gepackt hatte, mit nach Hause genommen. Die Frage ist also: Wo hat er die Druckplatten gelassen?«

Als Mr. LeBon die Jungen eine Dreiviertelstunde später zu Hause absetzte, waren sie der Lösung dieses Problems noch keinen Schritt nähergekommen. Das schlimme war nach den Worten von Mr. LeBon, daß man Mr. Leach, sobald er aus der Haft entlassen war, Tag und Nacht beschatten mußte, um zu verhindern, daß er die Platten irgendeinem Komplizen übergab.

Am nächsten Morgen fuhren Neil und Schwede zu Myrtle hinaus. Um den runden Tisch im Garten sitzend, teilten sie sich gegenseitig die letzten Neuigkeiten mit. Mr. Leach war am Tag zuvor gegen eine Kaution auf freien Fuß gesetzt worden und gegen Abend zu seiner Frau zurückgekehrt.

»Er ist jetzt im Haus«, sagte Myrtle. »Ihr könnt euch nicht vorstellen, wie es hier draußen von Secret-Service-Leuten wimmelt!«

Sie sprachen noch eine Weile über die Fälscherbande, bis das Thema restlos erschöpft war und es nichts mehr darüber zu sagen gab. Dann trug Myrtle den Jungen ihr neuestes Lied vor.

»Der Titel dieses unsterblichen Songs ist ›Hilfe! in unsrer Küche ist ein Secret-Service-Mann!‹«, kündigte sie ihr Opus an und zupfte ein paar Akkorde auf ihrer Gitarre.

»Der Secret Service ist überall —
oh la la, oh la la —
hinter dem Busch und dem Strauch und im Zweifelsfall —
oh la la, oh la la.
Wie die Vögel und Bienen schwirrt er umher —
oh la la, oh la la —
aus der Wiese, aus jedem Baume späht er —
oh la la, oh la la.«

Im Nebenhaus ging eine Tür. Myrtle unterbrach ihr Lied, und sie beobachteten, was drüben vor sich ging.

Mrs. Leach trat auf die Terrasse hinaus, den Hund an der Leine. Sie durchquerte den Garten, schloß die Pforte zum Swimmingpool auf, ließ den Hund hinein und nahm ihm die Leine ab. Dann ging sie hinaus und machte die Pforte hinter sich zu. Der Hund blieb innerhalb des Zaunes zurück.

»Was hat denn das nun wieder zu bedeuten?« wunderte sich Schwede.

»Sie läßt ihn nicht mehr viel frei herumlaufen«, sagte Myrtle. »Ich glaube, der Milchmann hat sich beschwert, daß der Hund ihn beinahe gebissen hätte. Eine Zeitlang hatte sie ihn an dem Baum da drüben angebunden. Dann kam ihr wohl die Idee, daß sie ihn ebenso gut beim Schwimmbecken einsperren könnte.«

»Natürlich, da hat er freien Auslauf und kann ein Bad nehmen, wenn ihm danach zumute ist«, sagte Neil.

»Und vor allem kann er Jungen vom Baden abhalten, denen danach zumute ist«, setzte Myrtle hinzu. »Oder davon, Aale in das Becken zu werfen. In den letzten vier, fünf Tagen hat sie Ralph jedesmal, wenn sie das Haus verließ, dort eingesperrt. Vielleicht fährt sie jetzt also mit ihrem Mann fort.«

Genau wie Myrtle vorausgesagt hatte, stiegen ein paar Minuten später Mr. und Mrs. Leach in den Cadillac und fuhren davon.

»Wenn ich einen bissigen Hund hätte, würde ich ihn im Haus einsperren, damit er es vor Einbrechern bewacht«, meinte Schwede.

»Vielleicht haben sie Angst, er könnte irgendwelche Sachen anknabbern«, fand Myrtle.

»Oder ihnen liegt mehr daran, zu verhindern, daß jemand *um* das Haus als daß jemand *im* Haus herumschnüffelt«, überlegte Neil.

»Wie meinst du denn das?« fragte Schwede.

»Ich meine nur, die Männer vom Geheimdienst haben *im* Haus nichts gefunden, obwohl sie jeden Winkel durchsucht haben. Und im Garten wird so leicht keiner herumzustöbern wagen, wenn der Hund draußen ist, trotz des Zaunes. Schließlich muß man damit rechnen, daß er da rüberspringt. Ich würde mich jedenfalls nicht in den Garten trauen und ihn reizen wollen – man kann nie wissen.«

»Und?« fragte Myrtle.

»Na ja, so sind sie sicher, daß niemand dem Haus zu nahe kommt und die Druckplatten findet«, schloß Neil.

»Aber wie haben sie sie bloß nach draußen geschafft?« grübelte Schwede. »Von dem Augenblick an, als Mr. Leach nach Hause kam, bis zu seiner Verhaftung war er doch keinen Moment unbeobachtet.«

»Das schon, aber vergiß nicht, daß sie zum Schwimmen gingen. Vielleicht ist es ihm gelungen, sie auf dem Wege zwischen Haus und Schwimmbecken irgendwo in die Büsche zu werfen.«

»Mensch, das ist 'ne Idee!« rief Schwede aus.

Sie sahen sich an und stießen beide gleichzeitig einen Freudenschrei aus. Jeder hatte den Gedanken des anderen erraten.

»Sie hatte sie unter ihrer Frotteejacke!« sprach Schwede es aus.

»Genau das«, sagte Neil. »Und als sie auf dem Beckenrand saß, ließ sie sie ins Wasser gleiten. Dann tauchte er vom Sprungbrett aus hinterher.«

»Wovon sprecht ihr eigentlich?« fragte Myrtle dazwischen.

»Von den Druckplatten natürlich«, antwortete Schwede. »Sie haben sie im Swimmingpool versteckt!«

»Darum diese ganze Taucherei«, sagte Neil. »Sie ließ die Platten unter ihrer Jacke verborgen ins Wasser rutschen, während wir nur Augen für seinen Bauchplatscher hatten. Anschließend taten beide so, als tauchten sie nach diesem Schlüssel. In Wirklichkeit versteckten sie die Platten.«

»Wahrscheinlich unter dem großen Abzugsdeckel in der Mitte«, vermutete Schwede. »Normalerweise ist so'n Ding mit einem Bolzen fest verpflockt, aber vielleicht ist da gar keiner dran.«

»Oder er hatte einen Schraubenzieher bei sich und den Bolzen damit losgemacht.«

174

»Das werden wir ja gleich sehen«, sagte Schwede.

»Was, wenn der Hund da drin ist? Ihr seid verrückt!«
rief Myrtle.

Neil und Schwede hatten beide ziemlich ramponierte
kurze Hosen an, denen es nichts ausmachte, wenn sie naß
wurden. Schwede ging zur Hecke hinüber. »Vom Zaun bis
zum Becken sind es keine drei Meter«, meldete er. »Wenn
wir auf jeder Seite des Zaunes eine Leiter anstellen würden,
könnten wir von der inneren direkt ins Bassin springen.
Und wenn wir dann erstmal im Wasser sind, habe ich vor
dem Hund keine Angst mehr.«

Neil war der gleichen Meinung. »So schnell schwimmen
wie wir kann er bestimmt nicht«, meinte er. »Habt ihr
vielleicht eine Trittleiter, die wir auf dieser Seite anstellen
könnten?« wandte er sich an Myrtle. »Die lange Aluminiumleiter könnten wir dann von innen dagegenlehnen.«

»Eine Trittleiter haben wir natürlich«, erwiderte Myrtle.
»Aber wenn ihr auf der anderen Seite ein Stück herunter-
klettert, wird er von euren Beinen nicht viel übrig lassen.
Ich sag' euch, mit dem Hund ist nicht zu spaßen.«

»Dann müssen wir ihn eben ablenken«, entgegnete Neil.
»Irgend etwas, das ihn von uns ablenkt, muß her. Zum
Beispiel 'ne Katze.«

»Wie ist es, du hast doch eine?« fragte Schwede Myrtle.
»Für 'ne Katze wird er sich viel mehr interessieren als für
uns.«

»Wenn ihr euch einbildet, ich werfe meine kleine Mieze
diesem Riesenköter vor, habt ihr euch gewaltig geirrt«,
protestierte Myrtle. »Dann sollen schon lieber eure Beine
dran glauben!«

»Du brauchst nichts weiter zu tun, als dich mit deiner
Katze auf dem Arm an das andere Ende des Zaunes zu
stellen«, drängte Schwede sie. »Er wird todsicher ange-
saust kommen und bellen und am Zaun hochspringen.
Währenddessen haben wir das Schwimmbecken erreicht.«

Myrtle hatte ihre Bedenken gegen den Plan, und die Jungen mußten ihre ganze Überredungskunst aufbieten, bis sie bereit war mitzumachen. Zuerst holten sie die Trittleiter und stellten sie außen an den Zaun, dann stieg Neil hinauf, und Schwede reichte ihm die Aluminiumleiter. Vorsichtig bugsierte Neil sie über den Zaun und ließ sie langsam hinunter, bis sie mit beiden Holmen auf dem Boden stand. Er rückte sie sich zurecht, so daß er bequem von der obersten Stufe der Trittleiter auf den Zaun und von dort auf die Aluminiumleiter steigen konnte.

Während dieser ganzen Vorbereitungen sprang der große Schäferhund mit wütendem Gebell direkt unter Neil hin und her. Kein Zweifel, er meinte es ernst, und obwohl Neil auf der Leiter vor seinen Zähnen sicher war, war ihm doch etwas mulmig zumute.

»Laß ihn sich erst etwas beruhigen«, sagte Schwede, als Neil endlich die beiden Leitern in der gewünschten Position hatte. »Dann kann Myrtle mit der Katze ans andere Ende gehen, und wir können über den Zaun.«

Die Jungen entledigten sich ihrer Hemden und bewaffneten sich mit zwei kräftigen Stöcken, die Myrtle ihnen für den Fall besorgt hatte, daß ihr Plan fehlschlug und sie sich gegen den Hund zur Wehr setzen mußten. Myrtle nahm widerstrebend ihre Katze auf den Arm, ging die ganze Hecke entlang, bis sie sich auf gleicher Höhe mit dem hinteren Ende des Schwimmbeckens befand, und schlüpfte dann auf das Leach'sche Grundstück hinüber.

Der Hund bemerkte sie nicht gleich, er tigerte immer noch am Fußende der Leiter hin und her. Das Ding hatte hier nichts zu suchen, soviel war ihm klar, und sein Argwohn war geweckt. Schließlich rief Myrtle ihn an. Sofort raste er zum anderen Ende der Umzäunung und warf sich wütend gegen den Draht. Offensichtlich haßte er Katzen noch mehr als fremde Menschen, denn er tobte wie ein Berserker. In sinnloser Wut rannte er ein paar Schritte in die eine Richtung, sprang gegen den Zaun und rannte dann in die entgegengesetzte Richtung, um darauf das Spiel von neuem zu beginnen.

Neil machte den Anfang. Schwede, der dicht hinter ihm war, hatte schon fast die unterste Sprosse der Leiter erreicht, bevor der Hund sie bemerkte. Einen Moment stand er unschlüssig, dann stürmte er am Schwimmbecken entlang auf sie los. Aber er kam um den Bruchteil einer Sekunde zu spät: Im Hechtsprung retteten sich die Jungen ins Wasser.

Im ersten Augenblick sah es so aus, als ob der Hund ihnen nachspringen wolle. Doch dann besann er sich anders. Wütend trottete er am Beckenrand hin und her und wandte dann seine Aufmerksamkeit wieder Myrtle und ihrer Katze zu. Neil tauchte in der Mitte des Beckens auf.

»Soll ich ihn wieder zu mir herlocken?« rief Myrtle. »Ich kann ja am Zaun rütteln.«

»Nein, geh' lieber hinter die Hecke zurück und laß ihn sich ein paar Minuten beruhigen!« rief Neil zurück. »Hier im Wasser haben wir von ihm nichts zu befürchten.«

Schwede kam neben Neil hoch. Ohne Zeit zu verlieren, war er nach dem Abzug auf dem Grunde getaucht.

»Es ist kein Verschlußbolzen dran«, berichtete er, »nur ein Messinggitter. Ich hab' es abgehoben, aber ich hatte keine Luft mehr.«

»Das dumme ist, daß man so viel Zeit und Kraft braucht, um nach unten zu kommen«, sagte Neil. »Es wäre viel leichter, wenn wir vom Brett springen könnten.«

Sie machten mehrere Versuche, in der Nähe des Sprungbretts aus dem Wasser zu klettern, aber sofort stürzte der Hund in ihre Richtung. Schließlich mußten sie den Plan aufgeben.

Sie pumpten sich die Lungen voll Luft und tauchten wieder auf den Grund. Als Neil zum drittenmal hochkam, hielt er ein kleines, in eine Plastikfolie eingewickeltes Paket in der Hand.

»Das müssen sie sein!« rief Schwede triumphierend. »Was machen wir mit ihnen?«

»Am besten legen wir sie an ihren Platz zurück und benachrichtigen Mr. LeBon«, meinte Neil.

Ein letztes Mal tauchten die Jungen auf den Boden des Bassins. Neil legte die Druckplatten an ihre frühere Stelle zurück, in den Kasten unter dem Abzug, und Schwede setzte den Messingrost wieder ein. Dann schwammen sie langsam und vorsichtig an den der Hecke zunächstliegenden Rand des Beckens. Auf dieser Seite führte zwar keine Ausstiegsleiter aus dem Wasser, aber das störte sie nicht weiter. Wenn es ihnen nur gelang, den Hund ein paar Minuten lang von sich abzulenken, würde es ihnen nicht schwerfallen, sich mit einem Klimmzug herauszuschwingen.

»Wir sind fertig, Myrtle. Los, zeig' ihm die Katze!« rief Schwede.

Myrtle begab sich auf ihren Posten zurück und rüttelte heftig am Zaun. Der Hund starrte mißtrauisch auf Neil und Schwede, die sich verdächtig der Hecke näherten, aber schließlich siegte doch die Versuchung durch die Katze. Er sauste auf sie los, und die Jungen benutzten die Gelegenheit, sich blitzschnell über den Beckenrand hochzuziehen. Sie flitzten zur Leiter und rasten sie, einer dicht hinter dem anderen, hoch. Der Hund hatte ihr Manöver inzwischen bemerkt. Mit Riesensätzen kam er angerannt und sprang wütend an der Leiter hoch. Seine zuschnappenden Zähne verfehlten Neils Ferse nur um wenige Zentimeter.

Die Jungen brachten rasch die Leitern in Sicherheit, dann holte Myrtle ihnen ein Handtuch, damit sie sich notdürftig abtrocknen und ihre Hemden wieder anziehen konnten.

»Was meinst du, wie können wir Mr. LeBon am schnellsten erreichen?« fragte Schwede Myrtle. »Ob wir Inspektor Bricker anrufen?«

»Wendet euch doch an einen von den Secret-Service-Leuten, die Mr. Leachs Haus beobachten«, riet sie. »Der Wagen, der vorhin auf der anderen Straßenseite parkte, ist vermutlich den beiden nachgefahren, aber irgendwo im Wald ist noch jemand versteckt.«

Zu dritt gingen sie die Einfahrt und dann die Straße hinunter, bis sie dem Leach'schen Hause gegenüber waren. Ein paar Schritte zurück von der Straße stand ein äußerst gelangweilt dreinsehender Mann auf Posten. Er gab sich keinerlei Mühe, sich besonders zu verbergen, sondern hatte sich nur aus der prallen Sonne etwas tiefer in den Schatten zurückgezogen.

»Können Sie uns sagen, wie wir Mr. LeBon erreichen?« fragte Neil ihn.

»Was wollt ihr denn von ihm?« fragte der Mann zurück und maß sie mit einem mißtrauischen Blick.

»Wir haben eine Mitteilung für ihn«, antwortete Schwede ausweichend.

»Was für eine Mitteilung?« wollte der Mann wissen.

»Wir möchten gern mit ihm sprechen«, erwiderte Neil knapp. »Sagen Sie ihm einfach, daß die beiden Jungen von gestern ihn hier bei den Cavanaughs erwarten.«

»Hört mal, Mr. LeBon hat viel zu tun«, sagte der Secret-Service-Mann. »Also, weshalb müßt ihr ihn unbedingt sprechen?«

»Kommt, er hält uns für neugierige Kinder«, sagte Myrtle verärgert. »Offenbar interessiert es den Secret Service nicht, wo die Druckplatten sind.«

Im Nu war der Mann ganz Ohr. »Wißt ihr etwas über die Platten?« fragte er.

Statt auf die Frage zu antworten, wiederholte Neil: »Wir möchten mit Mr. LeBon sprechen. Können Sie uns sagen, wie wir ihn telefonisch erreichen können?«

Der Mann langte neben sich auf den Boden und hob ein kleines Funkgerät auf. »Also gut, ich benachrichtige ihn«, sagte er. »Ihr geht inzwischen zu den Cavanaughs zurück und wartet da auf ihn, bis er kommt.«

Eine Viertelstunde später fuhr Mr. LeBon bei den Cavanaughs vor. Aufmerksam hörte er sich den Bericht an.

»Offen gesagt, an den Swimmingpool habe ich nie gedacht«, sagte er schließlich. »Großartig, wie ihr das herausgefunden habt. Ihr verdient ein Extralob; ich werde euch in meinem Bericht erwähnen. Es scheint, ihr wart dem Secret Service in dieser Sache fast immer ein paar Längen voraus.«

Myrtle lud Neil und Schwede ein, zum Mittagessen dazubleiben. Der Schlußakt fand erst kurz vor halb drei Uhr statt.

Die Leachs waren inzwischen heimgekommen; wie sich später herausstellte, waren sie bei ihrem Rechtsanwalt gewesen. Sie blieben jedoch im Haus, und niemand wußte, ob sie die Aktivität, die sich um das Schwimmbecken entwickelte, beachteten oder nicht. Mr. LeBon ließ seinen ursprünglichen Plan, das Becken leerzupumpen, fallen, da es zu lange gedauert hätte. Obwohl Neil und Schwede sich anboten, die Platten heraufzuholen, entschied sich Mr. LeBon doch lieber für einen von seinen eigenen Männern, der ein Spezialist im Tauchen war. Er trug Schwimmflossen und eine Tauchermaske. Zuerst brachte er die Messingplatte herauf, die den Abzug zudeckte, und legte sie neben dem Becken ins Gras. Dann tauchte er ein zweites Mal und holte das in Plastik eingewickelte Paket, das Neil und Schwede gefunden hatten. Er übergab es Mr. LeBon, während ein Fotograf Aufnahmen machte. Mr. LeBon entfernte die Umhüllung und untersuchte die Platten. Er achtete darauf, daß jede Einzelheit von mehreren Zeugen gesehen und Fotos gemacht wurden.

Den Fotografen hatte man von der Belleviller Zeitung ausgeliehen. Er machte nicht nur Aufnahmen von allem, was am Schwimmbecken passierte, sondern bestand auch hartnäckig darauf, daß Neil, Schwede und Myrtle samt ihrer Katze ihm für einige Schnappschüsse posierten.

»Dies ist, soweit ich weiß, die erste Katze, die zur Verhaftung einer Geldfälscherbande beigetragen hat«, erzählte Myrtle dem Zeitungsmann voller Stolz. »Ich werde einen unsterblichen Song über sie schreiben.«

»Einen was?« erkundigte sich der Fotograf, der bei seiner Zeitung zugleich als Reporter tätig war.

»Haben Sie nicht gehört, einen unsterblichen Song«, wiederholte Neil. »Myrtle macht überhaupt nur unsterbliche Songs.«

»Hochinteressant«, erwiderte der Mann. »Laß mich's wissen, wenn du ihn fertig komponiert hast«, wandte er sich an Myrtle. »Vielleicht können wir einen Artikel darüber in der Zeitung bringen.«

»Wenn es Sie interessiert – ich habe schon einen Song über die beiden jungen heldenhaften Detektive geschrieben«, sagte Myrtle. »Wollen Sie ihn hören?«

Obwohl Neil und Schwede ihr für den Fall, daß sie es täte, alles mögliche androhten – zum Beispiel, ihre Katze im Swimmingpool zu ersäufen –, ging sie ihre Gitarre holen. Der Reporter folgte ihr.

»Weibervolk!« knurrte Schwede verächtlich. »Ist dir schon mal aufgefallen, daß wir beim Secret Service keine einzige Frau gesehen haben? Jetzt versteh' ich auch den Grund dafür.«

Im Laufe der folgenden Woche war es nach dem ganzen Ruhmeswirbel um Neil und Schwede wieder still geworden. Die Belleviller Zeitung hatte nicht nur einen eingehenden Bericht über den Anteil der beiden Jungen an der Zerschlagung des Geldfälscherringes gebracht, sondern auch Myrtles Gedicht abgedruckt. Zu ihrer Überraschung hatte das Gedicht weit mehr Beachtung gefunden als der Bericht selbst. Trotzdem mindestens vierzig Leute sie darauf ansprachen, fanden Neil und Schwede, daß es doch eigentlich nicht so besonders gut wäre.

Am Samstag, ungefähr zehn Tage nachdem sie die Druckplatten aufgefunden hatten, beschlossen sie, zum Angeln zu fahren. Sie hatten wieder einmal Pech, kein Fisch wollte anbeißen. Da sie schon auf halbem Wege zu Mr. Delmonicos Haus waren, fanden sie, sie könnten ihrem alten Bekannten einen Besuch abstatten. Der Lieferwagen stand auf dem Hof, aber Mr. Delmonico selbst war nirgends zu sehen. Sie gingen einmal um das ganze Haus herum und entdeckten, daß die Kellertür offenstand.

»Mr. Delmonico, sind Sie da?« rief Schwede.

»Ja, hier unten. Kommt rein!« ertönte es aus dem Keller.

Mr. Delmonico thronte auf einem hohen Schemel an einem der Werkstattische. Auf dem Tisch lag ein flaches Stück Kupfer, und rund herum verstreut waren verschiedene spitze Instrumente.

Neil warf einen raschen Blick hinüber zu dem Schrank, in dem die Briefmarkenklischees gewesen waren. Er war leer.

»Ich möchte mich bei euch bedanken für das, was ihr der Polizei über mich erzählt habt«, wandte Mr. Delmonico sich an die Jungen. »Dieser Mr. LeBon, oder wie er heißt, sagte mir, daß ich es hauptsächlich eurer Aussage zu verdanken hätte, daß keine Anklage gegen mich erhoben wird.«

»Aber das war doch selbstverständlich«, erwiderte Schwede etwas verlegen.

»Ich hatte ja keine Ahnung, daß ich mich mit diesem Briefmarkendrucken strafbar mache, wißt ihr«, fuhr Mr. Delmonico fort. »Und so ganz versteh' ich's immer noch nicht. Schließlich hat niemand sie für Postzwecke mißbraucht. Den Staat hab' ich doch damit um keinen Pfennig geschädigt, und die Sammler sind glücklich.«

Schwede und Neil sahen sich an. Neil schüttelte den Kopf. Er bezweifelte, ob er imstande wäre, Mr. Delmonico die Sache zu erklären. Es schien hoffnungslos.

»Was machen Sie da gerade?« fragte er, um von etwas anderem zu sprechen.

»Marken«, antwortete Mr. Delmonico vergnügt.

»Marken?« Neil glaubte sich verhört zu haben. »Nachdem Sie den ganzen Ärger gerade hinter sich haben?«

»Oh, keine Briefmarken«, erklärte Mr. Delmonico, »Sammelmarken.«

»Was für Sammelmarken?« fragte Schwede. »Die, die man in den Geschäften bekommt?«

»Jawohl, die«, bestätigte Mr. Delmonico. »Wenn man genügend von ihnen zusammenhat, kriegt man alle möglichen Preise dafür. Ich hab' mir gedacht, druckst du dir halt so viel, daß es für einen neuen Toaster reicht. Mein alter geht nämlich nicht mehr richtig.«

»Aber das können Sie doch nicht machen!« protestierte Neil. »Die Leute, die die Marken herausgeben, werden Sie bei der Polizei anzeigen, wenn sie dahinterkommen. Sie können sich nicht einfach nach Belieben selbst Sammelmarken drucken und dann irgendeine Prämie dafür abholen.«

»Versteh' ich nicht«, brummte Mr. Delmonico. »Man bekommt die Marken in den Läden doch umsonst. Weshalb soll ich da nicht das Recht haben, etwas, das es gratis gibt, selber zu drucken?«

Neil mußte tief Luft holen. »Sehen Sie, Mr. Delmonico, wir sind viel jünger als Sie, aber wir können Ihnen unser Wort darauf geben, daß Sie Ärger kriegen werden. Ich an Ihrer Stelle würde die Finger davon lassen, besonders wo man Sie jetzt bestimmt schärfer beobachten wird.«

»Nun ja, wenn du meinst«, sagte Mr. Delmonico etwas kleinlaut. »Aber ich hätte doch so gern einen neuen Toaster.«

»Passen Sie auf, Sie haben doch 'ne Menge Zuckermais in Ihrem Garten«, sagte Schwede. »Neil und ich werden in unserer Nachbarschaft dafür Reklame machen, und dann rufen wir Sie an, und Sie können die Leute beliefern. Ich bin überzeugt, da haben Sie im Nu mehr verdient, als Sie für einen Toaster brauchen.«

»Das ist eine gute Idee«, strahlte Mr. Delmonico erleichtert. »Ich hab' tatsächlich zehnmal soviel Mais, wie ich selber brauche. In fünf bis sechs Tagen wird er reif sein.«

Er legte die Druckplatte, an der er gearbeitet hatte, beiseite und räumte das Werkzeug in den Schrank. Dann begleitete er die beiden Jungen hinaus, um sich von ihnen zu verabschieden.

Neil und Schwede radelten langsam die Straße hinunter. Als sie sich noch einmal nach Mr. Delmonico umdrehten, war er bereits eifrig im Garten tätig.

»Meine Großmutter sagte von diesem oder jenem immer, er sei ein ›Simpel‹«, sagte Schwede nachdenklich. »Bis heute war mir nie so recht klar, was sie damit meinte. Jetzt weiß ich es.«

»Und mein Großvater hat schon mindestens ein dutzendmal gesagt, wie schwierig die junge Generation sei«, erwiderte Neil grinsend. »Warten wir, bis er es wieder mal sagt!«